Oliver Bruns

Ich
weiß
es
doch
auch
nicht!

Kurzgeschichten
Gedichte
Texte

Bibliografische Information der Deutschen Nationalbibliothek: Die Deutsche
Nationalbibliothek verzeichnet diese Publikation in der Deutschen Nationalbibliografie;
detaillierte bibliografische Daten sind im Internet über http://dnb.dnb.de abrufbar

© 2021 Oliver Bruns

Covergestaltung: Oliver Bruns Foto: Linalyan (shutterstock)
Fotonachweis: S.20,41,59,89 von Oliver Bruns

Herstellung und Verlag:
BoD – Books on Demand, Norderstedt
ISBN 9 783755 752110

Inhaltsverzeichnis

Während sich Kirchen leeren,
gebären sich neue Götter.

So wie Du bist

Mein schamloser Versuch
Dich mit Worten zu erreichen.
Dein Herz zu berühren,
dich mit Silben zu streicheln.

Ich pflück für dich Schnee
und wir gehen Wellenreiten.
Ich lieb dich von vorne bis hinten
und sowieso von allen Seiten.

Dein geschmeidiger Gang
So lässig grazil ohne Überschwang.
Und ich kann nicht überseh´n
Wie dein Busen wippt beim geh´n.

Du gefällst mir so wie du bist.
Mit dir ist´s einfach und gut.
Alles an dir erzählt was:
Lust, Leidenschaft und Mut.

Es bringt rein gar nichts
Verblassendes zu beklagen.
Sei einfach du, hier und jetzt,
Zukunft gewinnen die, die wagen.

Dating

Im Grunde nahm der Abend in genau dem Moment seine Wendung, als Hannes sein Date fragte: „Wieso? Sie waren doch auch mal jung und hübsch, oder?"

Er hatte sich später hundertmal gefragt, was denn so falsch war an der Bemerkung und warum Sabrina förmlich die Farbe aus dem Gesicht fiel, sie die Konversation auf ein Minimum, das absolut Notwendige, herunterfuhr, um sie dann im nächsten, schnell folgenden Schritt vollständig einzustellen, ihre Jacke und Handtasche zu greifen und das Lokal zügig zu verlassen, ohne sich noch einmal umzudrehen.

Der Abend hatte so gut begonnen. Und das eigentlich schon ein paar Wochen vorher. Nach vielen Fehlschlägen mit uninteressierten Frauen, mit gefakten Profilen, mit Ghosting, mit Frauen, die am Ende professionelle Interessen hatten, war Sabrina die Erste, die offenbar echt war, mit ehrlichen Interessen und die sich nicht unnötig aufgepumpt hatte. Es ergab sich eine Konversation, zunächst im Chatroom der Seite, dann im Mailpostfach und schließlich über Messenger-Dienste.
Alleine diese Kette an Kommunikationsmethoden, hatte ihm klar signalisiert, dass es eine Steigerung des Vertrauens gab. Sie hatten sich die Handynummern gegeben. Er überlegte unentwegt, womit das zu vergleichen war. Für ihn etwas ganz Besonderes. Er war ausgesprochen vorsichtig mit der Preisgabe

seiner Handynummer und wurde als Konsequenz daraus mit wohltuender Ruhe belohnt, obwohl er sein Smartphone fast immer eingeschaltet ließ. Nur seine Mutter, die Schwester und zwei, drei enge Freunde kannten die Nummer und er sorgte penibel dafür, dass das so blieb. Für den Fall, dass es unumgänglich war, eine Telefonnummer anzugeben, hatte er sich eine Prepaid-Karte besorgt, in das ausrangierte Vorgängermodell seines jetzigen Handys gesteckt, sich einmal angemeldet und anschließend das Telefon in die unterste Schreibtischschublade verstaut. Weit hinten. Unter den Reisepass, bei den alten Adaptern und Netzkabeln. Da konnten sie ihn jetzt mit den fröhlichen Werbebotschaften und Verkaufsknüllern zuschütten.

Handynummer weitergeben. Wer macht das schon? Das war ein klares Zeichen, dass es in der Beziehung zwischen ihm und Sabrina voranging. Und er war tagelang unbeschwert und das Tagwerk ging ihm von der Hand, wieselten.

Sie fingen an, sich morgens per Messenger zu begrüßen und abends eine gute Nacht zu wünschen. Zum ersten Mal musste er sich mit den Smileys auseinandersetzen. Da gab es ja inzwischen eine ganze Abteilung lustiger Bildchen.

Warum nur war sie aufgestanden und gegangen? Was war denn so falsch an seiner Frage. Ist es nicht eine Binsenweisheit, dass wir alle früher, zu Jugendzeiten, hübscher, straffer, irgendwie unverbrauchter aussahen. Wenn es nur nach Äußerlichkeiten ginge, dann wären doch zum

Beispiel Julia und Stephan nie im Leben zusammen. Ist es nicht so, dass Zuneigung, Sympathie und am Ende die Liebe nicht von vielen anderen Dingen abhängt als einem knackigem Hintern oder einer makellosen Nase im Gesicht? In Sonntagsreden wird davon gesprochen. Das die inneren Werte die wichtigen sind. Das wir falschen Schönheitsidealen hinterherlaufen. Das das Äußerliche eh vergänglich ist und so weiter. Doch im Praxistest steht die Dame auf und verlässt verärgert den Raum.

Sie hatte dagesessen und erzählt. Sehr viel erzählt. Er hatte bereits sein drittes Bier bestellt, und sie hatte noch die halbvolle erste Weinschorle vor sich stehen. Nun, das war ja nicht neu, dass Frauen etwas vorsichtiger beim Alkoholgenuss agierten. Sie hatte ihm den Stadtteil genannt, in dem sie wohnt. Einer der seltenen Momente, in dem es ihm gelungen war, zwischen den Monolog eine eigene Frage einzustreuen. Keine Gegend, auf die man zwingend stolz sein muss. Und ihr Erzählen klang so, wie er sich die Häuser vorstellte, ohne jemals bewusst dort gewesen zu sein. Lange Gebäude, wie sie in Kasernen stehen. Der Putz grau-schwarz, als ständen sie neben einem Kohlekraftwerk, bevor Filter erfunden wurden. Drinnen dunkelbeige, wischfeste Farbe, die es dem Hausmeister erleichtern, sauber zu machen, wenn sich mal einer erbrochen hat. Schilder an den Wänden mit lauter Aufforderungen und Verboten. Keine Fahrräder. Keine Kinderwagen. Mittags- und Nachtruhe sind einzuhalten. Daneben der Plan der Müllabfuhr, eine Fluchtwegekarte, die etwas größer hätte ausfallen können und allgemeine Hinweise zur Hausordnung. Alles in Großschrift, den Senioren zuliebe. Lange Flure mit Eingangstüren zu den Wohnungen im exakten Abstand, die aussahen, wie eine angetretene Kompanie. Bodenfliesen so einfallslos, dass sie ohne Weiteres in jedes Finanzamt passten. Abteilung Umsatzsteuer. Mitbewohner, die auf der Mieterversammlung die akkurate Beschneidung der Rasenkante einfordern und sich vehement gegen Kinderlärm und Haustiere aussprechen. Solche, die in ihrem Auto Duftbäume mit Fichtenwald-Aroma hängen haben, obwohl sie weder rauchen noch einen Hund mit sich führen.

So wohnt man, dachte er, wenn man so redet. Sie hatte das Thema gewechselt und von ihrer Unzufriedenheit mit ihrem Körper erzählt. Ihr Mitteilungsdefizit war ausgeprägt. Das bisschen nippen an der Weinschorle konnte es nicht sein, oder sie hatte vorher schon irgendwelche Wirkstoffe zu sich genommen. Sie berichtete davon, während er sein viertes Bier ansetzte, dass sie sich in ihrem Körper zunehmend unwohl fühle. Sie könne sich nicht mehr im Spiegel ertragen. Sie sei gefangen und wünschte, ab und zu ihre Hülle zu verlassen, um eine neue Form von Freiheit zu erfahren. Die Gefangenschaft verleide ihr das Leben und weil es die Natur gewollt habe, ihr einen solchen Körper zu verpassen, an dem fast nichts stimme, außer, dass er die zum Überleben notwendigen Verrichtungen einigermaßen problemlos vollzog, sei ihr der Weg zu sämtlichen Formen erotisierenden Gedankengut füllender Tätigkeiten verwehrt geblieben. Und in ihrem Alter sei die Jagd eh aus. Die Jäger zögen weiter und sie bliebe als verschmähte Beute zurück. Das

Leben sei eben insgesamt ungerecht und sie sei von Kindesbeinen an besonders betroffen.

Es ist nicht so, dass er ausgesprochen geübt darin wäre, wie es heutzutage auf ersten Treffen von Einzelpersönlichkeiten wie der anwesenden Frau und ihm, mit der jeweiligen Sozialisation und ihrem Alter zugehe. Doch kam ihm das komisch vor. Vor allem, weil sie sich ja auf einer Datingseite für die reiferen Menschen getroffen hatten. Der Abend war ja gar kein zufälliges Kennenlernen, weil sie sich beim Einparken Beulen ins Auto gefahren hatten und besprächen, was zu regeln sei und dabei zufällig der kleine Bogenschütze Selbigen spannte und schoß. Dieses Treffen hier beruhte auf Vorsatz. Man meldet sich auf solch einer Seite an, weil man etwas vorhat. Einen Menschen kennenlernen zum Beispiel. Das ist doch mehr, als nur dem Zufall eine Chance zu geben.

Er setzte das Glas erneut an, nahm einen großen Schluck und fragte sich zum einen, warum er auf einmal so viel Durst hatte. Und ob er noch ein Bier bestellen solle. Oder ob der Abend doch noch einen Ausgang bereithalte, den man im Jahresrückblick erwähnen wollen würde und der eine gewisse Einsatzbereitschaft der körperlichen Funktionen, auch solcher, die nicht tagtäglich zum Einsatz kommen, erfordere. Und zum anderen wollte er etwas zum Gespräch beitragen und sagte genau den Satz, der dann dafür sorgte, dass dieser Abend gerade zu einem wurde, der so grau war, wie eine Wiese in der norddeutschen Tiefebene an einem Novemberabend. Die Worte, nur so dahergesagt, waren ein Wirkungstreffer und auf der Leinwand dieses Tages lief der Abspann durchs Bild, obwohl es noch gar nicht so spät war.

Die Dame ging.
Grußlos.
Ohne sich umzudrehen.
Und er bestellte sich ein Bier.

Würdest Du mich noch einmal erhören

Würdest du mich noch einmal erhören,
wäre heute noch mal derselbe erste Tag?
Würde ich Dir noch mal auf- und danach gefallen?
Weißt Du noch, woran es einstmals lag?

Stell dir einen Augenblick lang vor,
es gäbe diesen Rucksack nicht.
Es wäre der eine statt des anderen Ball im Tor
und wir sähen wie damals ins Sonnenlicht.

Das Wellblechdach ist löchrig,
es regnet hier und da rein.
Zwischen fleckigen Bruchstücken
scheint nur gelegentlich Sonne hinein.

Spurverlust auf regennasser Bahn.
Kontostand über dem was vereinbart war.
Und unentwegt die Frage danach
welcher Eintrag fehlt im Formular.

Ich sehe dich dasitzen.
Würdest Du mich noch mal bitten?
Erst zum Tanz und dann zum Schlitten
fahren und Vorgartenblumen stibitzen.

Steigst Du nochmal über den Freibadzaun
und schubst mich ins Becken?
Gibt es noch irgendeinen Traum
den wir vor uns gegenseitig verstecken?

Was wäre, würden wir den gesamten Weg,
vergleichen, kritisieren und bewerten.
Fänden wir einen einzigen Beleg
wie sehr wir das alles mal begehrten.

Bahnerlebnisse (1)

Beobachtung im ICE 881

Ich sitze im Abteil. In Göttingen kommen drei junge Fahrgäste dazu. Der junge Mann setzt sich gegenüber hin und steckt sich sofort seine Ohrstöpsel ein, lehnt sich zurück und hört irgendwas. Es scheint Musik zu sein. Manchmal zuckt sein rechtes Bein, als gehorche es einem Takt. Dazu zwei junge Frauen. Die eine sitzt neben dem Mann, holt ihr Tablet raus. Steckt sich auch Ohrstöpsel rein und verfolgt etwas auf dem Bildschirm. Die dritte liest ein Buch. Sie hat neben mir Platz genommen. Ihre Haltung ist kauernd. Als sei sie im Buch gerade an einer intensiven Stelle angekommen und es gelte, sich etwas kleiner zu machen, um Emotionen nicht so viel Angriffsfläche zu bieten. Draußen ist es bereits dunkel. Der Zug gleitet dem nächsten Bahnhof entgegen. Plötzlich nimmt die Tablet-Nutzerin ihre Stöpsel wieder raus. Klappt das Gerät zusammen und schaut die buchlesende Frau so lange an, bis diese ihre Augen von den Zeilen erhebt und den Blick erwidert. „Jetzt mal im Ernst" sagt die Tablet-Nutzerin „48 Folgen habe ich jetzt geschaut. Und die haben sich nur dreimal geküsst. Sonst nichts. Das ist doch nicht normal."

Geschenk

Ich liege dir zu Füßen
und du weißt genau warum.
Eins ist schon mal klar
du bist ein Spezifikum.

Bei dir ist Luft zum Atmen
Ich fühl mich geborgen.
Sicherlich wirst du mich
mit allem versorgen.

Bei dir zu liegen
das ist nicht sonderbar.
Ich bin dir verfallen.
Hier zu sein ist unsagbar.

Es gibt kein Entkommen
und ich will auch gar keines.
Du bist mein Geschenk
und ich bin deines.

Ich bin vollkommen benommen.
Du machst mit mir langen Prozess.
Das ist dein voller Ernst
mal devot und mal kess.
Wo das alles endet?
Das ist jetzt nicht wichtig.
Es fühlt sich gut an,
und dann ist es auch richtig.

Wie wir hier liegen
so rein und verletzlich.
Im Unterfangen gefangen
meinst du mich unweigerlich.

Den Irrsinn des Augenblicks
lustvoll begehend genießen.
Wunder Wunder sein lassen.
Türe öffnen statt abzuschließen.

Du bist nun bei mir
Und ich bin bei dir.
Du reichst mir den Becher
mit goldenem Elixier.

Zwischen uns ist ein Band
ein zartes und feines.
Du bist mein Geschenk
und ich bin deines.

Verschworen im Märchenwald
zwei verwunschene Gestalten.
Wenn der Morgen anbricht
sind wir nicht mehr die alten.
Es kann nichts Größeres geben
was uns gemein ist.
Du bist mein Geschenk
und ich bin deines.

Bahnerlebnisse (2)

Gibt es auch

Und dann gibt es auch die Menschen, die auf dem Bahnsteig dem pfandsammelnden Clochard hinterher gehen um ihm dem Tipp zu geben, in welchem Mülleimer sie gerade eine Pfandflasche geworfen haben. Und sich dafür entschuldigen, sie nicht daneben gestellt zu haben

Nie auf der Flucht

Ich war nie auf der Flucht.
Über kein Meer.
Durch keine Wüste.
Nicht vor zu viel Sonne oder Regen
und schon gar nicht vor Gewalt.
Ich war nie auf der Flucht
vor schlechten Umständen.
Noch nicht mal vor meinem Stadtteil.
Keinen Urknall.

Ich war nie auf der Flucht.
Ich kann keine Story bieten.
Von Ohrfeigen oder saufenden Eltern.
Von Jugendrichtern oder endlosen Therapien.
Von Schwimmzügen im Teer
oder Sand im Getriebe.
Von Schimmel unter der Matratze,
Stubenarrest oder Wasser und Brot.
Irgendwo zwischen Schuld und Sühne
Steht der Prophezeiung Bühne.
Die Dielen sind kalt.
Der Scheinwerfer bebt.
Und das Publikum ist da.
Und doch nicht zugegen.
Kein Entkommen.
Wovor auch?
Kein platzender Knoten.
Nirgends ein schlechter Witz.
Keine Lust am Untergang.
Zumindest nicht gefühlt.
Ohne Unterdruck kein Ventil.

Nichts reißt mich aus dem Bett
so wie heutzutage Harndrang.

Eine Blume in der Vase.
Ohne Tütendoping im Wasser.
Als ob ich fühlen könnte,
wie die Nabelschnurenergie mich verlässt.
Was früher umsonst war
kostet später mehr.
Und was zuvor Hoffnung gab
vergilbt im Sonnenlicht.
Und einfach so tun als ob.
Und einfach so tun als ob.

Ich war nie auf der Flucht.
Es wird Zeit.
Das ich fliehe.
Vor mir selbst.
Nach so viel Weg.
Vor dem, was ich denke.
Vor dem, was ich tue.
Vor dem, was ich bin.
Ein Aufbrechen.
Und endlich ankommen.
Bei mir.

Willkommen in der Familie
(Eine Weihnachtsgeschichte)

Nun setz dich mal und trink ein Bier mit mir"
sagte Heinz und lud Sven mit einer
Handbewegung ein neben ihm Platz zu
nehmen. Der ließ seine Augen durch das Zimmer
wandern, da machte es bereits „Plopp" und Heinz
stellte die frisch geöffnete Flasche auf den Tisch.

„Ganz ruhig, Vaddern" intervenierte Caro. „Lass
doch den Sven erstmal ankommen. Der letzte, der
ohne Eingewöhnungszeit in unsere Familie kam,
nimmt heute noch Medikamente."

„Schon gut, Liebes" sagte Sven. „Das macht doch
alles einen sehr netten Eindruck hier. Ich komme
klar."

„Na siehste!" Sagte Heinz, stand auf, gab ihm die
Hand um ihn zu sich zu ziehen, sah Caro an und
lachte: „Der hier hat in einer Sekunde mehr kapiert
als deine letzten drei zusammen. Komm mal mit,
mein Junge." Und schon plumpste Sven in den Sessel
neben Heinz und hatte ein geöffnetes Bier in der
Hand. Caro verdrehte die Augen und verschwand
Richtung Küche, aus der kräftiger Bratengeruch
austrat und das Wohn- zimmer erfüllte.

„Wen meintest Du eigentlich eben. Das mit den
Medikamenten" rief ihr Heinz hinter- her.

„Na, Du weißt schon. Der Edgar von gegenüber. Als
der von Tante Inge zum Karten- spielen eingeladen
worden war, hast du ihn nicht nur abgefüllt, sondern
auch mit der Schubkarre nach Hause gefahren, vor
seiner Haustür ausgekippt und liegengelassen. Und

dann hast Du ein Foto gemacht und es hochgeladen. Wie so ein bekiffter Teen- ager." Sagte Caro beim Wiederreinkommen, halb mit Amüsement, halb mit Abscheu.

„Der konnte ja auch nix ab" murmelte Heinz und trank einen Schluck. Sven hielt die Flasche in der Hand und knibbelte am Etikett. „Nun komm schon. Die Caro läuft dir nicht weg und dein Bier wird warm. Ich empfehle dringend, den Magen mit Alkohol aus- zufüllen, bevor du hier den Braten zu dir nimmst. Das kann sonst böse enden. Alles schon dagewesen."

„Vaddern. Jetzt dräng mal nicht so." Ermahnte Caro ihren Vater.

„Und ich bin wieder schuld, oder was?" Beschwerte sich Inge.

„Klar Schwesterherz, immer und an allem!" Bestätigte Heinz und stieß mit Sven an. Caro setzte sich an den Tisch und schenkte sich ein Glas Rotwein ein.

„Der Weihnachtsbaum wird auch von Jahr zu Jahr kitschiger. Man sieht ja gar kein grün mehr vor lauter Lametta. Und wieso so bunt?"

„Das kommt von mir. Hat Oma mir erlaubt" rief die Stella, krabbelte unter dem Tisch hervor, baute sich vor dem Baum auf und verschränkte die Arme.

„Aus dem Anti-Homophobie-Workshop während der Projektwoche. Wir haben Lametta in Regenbogenfarben gemacht. Wie die Schwulen-Fahnen."

„Stella!" Rief Marion ermahnend. Caros Cousine, Stellas Mutter, sah ihre Tochter mit einem ernsten Blick an und stellte ihr Wasserglas ab.

„Nun lass sie doch. Wenn die das da lernen..." mischte sich Oma Hedwig ein, die soeben Vorlegebesteck und Stoffservietten auf den Tisch legte und wieder in der Küche verschwand.

„Ich kann das ja gar nicht gut heißen" sagte Marion pickiert und schob ihre Brille hoch auf die Nase. „Muss das denn heutzutage alles schon so früh beginnen. Ich meine wir haben das alles später gelernt und uns ist es dabei doch gut gegangen."

„Gelernt? Pah!" Bemerkte Heinz. „Wir haben es einfach gemacht, was Hedwig?" Rief er in Richtung Küche. Er wandte sich zu Sven.

„Wir hatten noch richtige Lümmel, sag ich dir. Einfach nachts an den Baggersee, büschen Konjak und Likör für die Damen und dann ging das los mit den Weibern. Bag- gern was das Zeug hält. Deswegen ja auch Baggersee! Haha. Das musste uns keiner beibringen. Da wurde gehandelt! Heidewitzka Herr Kapitän. Prost!" Er leerte die Flasche in einem Zug. Sven tat ihm gleich. Der Kasten Bier stand neben Heinz´ Sessel, es schepperte zweimal. Einmal, als er die ausgetrunkenen Flaschen in die Kiste stellte und einmal, als er zwei neue herausholte. Es machte zweimal „Plopp" und gefolgt von einem „Prost" und es ging von vorne los.

„Heinz, nun mach mal nicht so schnell. Der Abend ist ja noch lang" ermahnte Hedwig ihren Mann mit sorgenvollem Blick im Vorübergehen. „Ja, ja..." Antwortete der und blin- zelte Sven zu, dem die Verbrüderung zunehmend gefiel.

„Bei uns früher gab es immer Karpfen zu Weihnachten" sagte Inge.

„Wo ist denn dein Kerl, Marion" fragte Heinz.

„Hans muss arbeiten. Der ist in der Klinik und operiert" antworte sie und wischte sich
mit einer Stoffserviette einen Krümel vom Rock.
Heinz neigte sich zu Sven
„Steif wie ein Eisblock. Hält sich für was Besonderes. Und trinken tut die auch nicht
richtig. Genau mein Humor" sagte er und boxte seinem Nebenmann in die Seite. „Aber die kriegen wir heute noch rund. Warte ab."
Marion tat, als habe sie nichts gehört, zückte aus der Handtasche einen kleinen Spie- gel und kontrollierte ihr Haar, das sie zur Feier des Tages hochgesteckt hatte.
„Na, Marion, siehst gut aus? Da kann der Bundespräsident ja zum essen kommen, was?" Stichelte Heinz.
„Was, der Bundespräsident kommt?" fragte Oma, die in ihrem Ohrensessel saß und aus einem Nickerchen erwacht war.
„Nee, Ursel. Erst, wenn du hundert wirst. Vorher nicht" sagte Heinz. „Willst du denn mal so einen Lüdden vorm Essen?"
„Ja, ja, schenk mal einen ein" antworte Ursula und Vorfreude ergriff ihr Gesicht. Heinz schenkte ihr einen Kirschlikör ein. „Marion, du auch mal einen zur Feier des Tages?"
„Aber nur einen ganz kleinen" antwortete sie.
„Und zum Karpfen machte Vater immer so einen frischen, grünen Salat" sagte Inge. „Ach ist das schön, so ein Weihnachten mit der Familie" seufzte Uroma Ursula.
„Ganz kleine kann ich nicht" sagte Heinz zu Marion gewandt, schenkte ihr einen

Kognakschwenker randvoll und stellte das Glas vor sie hin. Caro, Ursula und Inge bekamen auch eins. „Und schön alles Auftrinken, sonst gibts morgen schlechtes Wetter. Prostata, die Damen."

Er wandte sich Sven zu.
„Wir zwei bleiben beim Bier, oder? Dieses süße Zeugs lassen wir mal den Damen." Plopp. Klirr. Sie tranken.
„So, Sven, was machst Du denn eigentlich so? Bestimmt was mit Laptop und Handy"
fragte Heinz, als er wieder saß. „Ich bin da ja noch von der alten Schule. Handelsver- treter war ich. Teppiche und Tapeten. Mit Musterkoffer, Karteikarten und Papierkalen- der."
„Also ich habe ein esoterisch-tantrisches-Energie-Studio in der Altstadt" antwortete er, sah auf und wartete auf Nachfragen.
„Energie?" Rief Ursula. „Also wir heizen ja immer noch mit Öl."
„Wir fahren einen Diesel" warf Inge ein.
„Also wir haben eine Gasheizung. Was rätst du denn so?" Fragte Heinz.
„Nein, nein. Um solche Energien geht es nicht. Es geht um die Chakren. Eine ganz
alte Leere aus Fernost. Das sind Bewusstseinszentren, die im ganzen Körper verteilt sind. Kleine, subtile Zentren, die miteinander verbunden sind. Sieben Stück vom Becken bis zum Kopf und...."
„In fünf Minuten können wir essen." Ließ Hedwig verlauten und stellte eine Schüssel mit dampfenden Klößen auf den Tisch. „Setzt euch doch schon mal."
„Ich hab gar keinen Hunger" sagte Marion. „Seit Wochen habe ich so ein Ziehen in der Bauchgegend."

„Damit beschäftige ich mich zum Beispiel. Im Bauch ist nämlich das Sakral-Chakra und..."

„Weißt du was Marion? Du trinkst zu wenig und dein Mann hat zuviel Nachtschicht. So sieht es aus. Während der sich mit den Nachtschwestern vergnügt, vertrocknest du zuhause. Und das auch noch nüchtern. Trink mal einen mit uns und lass dich zuhause mal wieder so richtig..."

Heinz schwang sich behände aus seinem Sessel.

„Zum Nachtisch gab es nach dem Karpfen immer Obstsalat mit Vanillesoße" sagte Inge und suchte sich einen Platz am Tisch. Stella besetzte den Platz am Kopfende und ließ ihre Beine baumeln.

„Aber jetzt wollen wir erst einmal auf Owie anstoßen, oder?" Heinz trat zum Wohn- zimmerschrank, holte soviel Schnapsgläser raus, wie er tragen konnte, griff zu einer Fernet-Flasche und schenkte alle Gläser randvoll.

„So und nun bringe ich einen Toast auf Owie aus" sagte er ergriffen, gab jedem ein Glas und schaute andachtsvoll in die Runde. Hedwig stellte die Bratenplatte in die Mitte des Tisches und hielt inne.

„Owie, nur dir haben wir all das Schöne zu verdanken und das wir heute hier in trau- ter Runde zusammensitzen und außer Marions Mann alle nicht arbeiten müssen. Prost!"

„Wer ist denn Owie?" Wollte Sven wissen, löste den Kragenknopf und lockerte seinen Schlips.

Es brach lautstarkes Gelächter aus. Heinz prustete und rief ein „Prost" in den quer durchs Zimmer. Caro verschüttete die Hälfte des Fernets. Ursula sah den armen Sven mitleidsvoll an und vergrub ihren Kopf in die Hände. Marion achtete auf ihre Haare und Stella kugelte sich am Boden.

„Mensch Sven" fand Heinz als erster die Sprache wieder. „Owie ist doch der aus ‚Stille Nacht'. Der, der immer lacht. Das Jesuskind." Die Runde krümmte sich. Sven wurde puterrot im Gesicht und forderte einen Fernet. Heinz zögerte keine Sekunde, ihm ein Glas zu reichen. „Hier, mein Lieber. Fernet ist auch ein Energiezentrum. Wahr- scheinlich das Achte. Sehr zum Wohle und willkommen in unserer Familie."

Caro kam zu ihm herüber, gab ihm einen Kuss, strich ihm über seinen Kopf und flüs- terte ihm ins Ohr: „Super Sven, du bist klasse." Sie setzte sich auf seine Knie und wischte sich eine Träne aus den Augen. „Die letzten Jungs, die ich mithatte, waren um diese Zeit schon lange weg. Frohe Weihnachten und.... Prost!"

Zufall

Alkohol benebelt?
Immerhin.
Wäre ja auch noch schöner,
wenn nicht mal das mehr hilft.
Am Ende wird der auch noch verboten.
Passt auf.
Ich sage es euch.
Dann gibt es nicht einmal mehr den Rausch.
Keine Betäubung.
Dann muss man, wenn der Schmerz kommt,
wieder ein Stück Holz zwischen die Zähne nehmen
und kräftig zubeissen.
So kann es nicht weitergehen
Aber so kann es auch nicht aufhören.
Die Stunde des Sieges
zum Preis des Verlustes.
Vielleicht sind ja auch die,
die sich an das Leben hier klammern, die Feiglinge.
Müsste nicht der, der an das Paradies glaubt,
so früh wie möglich dahin gehen?
Aber sie bleiben.
Weil sie sich eben doch nicht sicher sind.
Sie sind Schnäppchenjäger.
Doch was ist das,
wenn sie nicht an ihren Glauben glauben?
Ich hab vergessen
beim Anblick der Sternschnuppe
einen tiefen Wunsch zu äußern.
Das passiert mir immer wieder.
So kann das nichts werden.

Aber so richtig glauben daran
tu ich auch nicht.
Ich weiß nicht, wovor ich mehr Angst habe:
Dich wieder zu sehen oder
Dich nie mehr wieder zu sehen.
Zufall ist, wenn Gott anonym bleiben will.
Buch mal wieder ein Bett
in einem Zweier-Abteil im Nachtzug
und lass Dich überraschen, wer zusteigt.

Bahnerlebnisse (3)

Beobachtungen aus dem ICE 881, Bordbistro

Der Zug rollt durchs Hinterland. Halbhohe Wolken verdunkeln die müde Helligkeit, als sei die Sonne nur ein Gerücht. Trostloses grau. Als hätte es nie eine Schöpfung gegeben. Wenn das hier alles ist, dann können wir uns jeden Lobpreis an den Schöpfer schenken.

Am Nachbartisch vier Herren vom Land. Sie unterhalten sich in einem Durcheinander von Hoch- und Plattdeutsch und sehen aus, als sei für sie das Wort Bauernschläue erfunden worden. Getarnter Reichtum. Vier halbvolle Biergläser auf dem Tisch und eine Packung Schokoriegel. Wenn das Gespräch intensiver wird, steigt der Anteil an Plattdeutsch. Als wollten sie sicher gehen, dass die anderen Fahrgäste nicht sofort und vor allem nicht vollständig mitbekommen, worüber sie gerade reden. Sie scheinen befreundet. Aber sie belauern sich auch. Als hätten alle vorsichtshalber eine Kalaschnikow auf den Oberschenkeln liegen.

Mein Gegenüber bestellt sich ein Weizenbier, sagt ansonsten nichts und schaut aus dem Fenster. Schräg gegenüber an dem Vierertisch ist einer Tomatensuppe. Ohne Abscheu aber auch ohne erkennbare Begeisterung. Scheint irgendwie zu gehen. Die anderen drei sind in ihr Handy vertieft. Sie sehen nicht, dass sich ein Weg den Berg hochschlängelt, so einladend als läge auf der anderen Seite das Paradies.

An dem dritten von vier Vierertischen sitzen drei
Männer. Der jüngste von ihnen hat zum Ausgleich
seines altersmäßigen Nachteils mehr
Gesichtsbehaarung als die anderen beiden
zusammen und ist ein mitgebrachtes Brötchen. Der
Kellner schaut irritiert, lässt es aber durchgehen.
Großes Herz oder Hoffnung auf großes Trinkgeld.
Vielleicht auch Gleichgültigkeit. So gleichgültig, wie
das Wasser in dem kleinen Fluss fließt, über den wir
gerade rasen.
Wenn der Älteste von den dreien alles bezahlt, wird
das nichts mit dem Trinkgeld. Der gibt nie etwas.
Der hat dieses „Mir-gibt-auch-niemand-was"-
Gesicht. Dafür beteiligt er sich engagiert am
Gespräch. Die beiden anderen nehmen ihn ernst
oder haben Humor und nippen immer wieder an
ihrem Weizenbier.
Zwei junge Leute sitzen an dem letzten Vierertisch,
und zwar so mittig und ins Gespräch vertieft, das
eine platzsuchende Frau dreimal vorbeigehen muss,
dass aber nichts hilft. Niemand nimmt sie wahr. Auf
die dann notwendig gewordene und auch
erfolgende, freundliche Ansprache der Dame
machen die beiden sofort Platz. Es gibt sie noch. Die
Kinderstube.
Der Mann mit der Tomatensuppe ist fertig. Ihm
gegenüber sitzt eine Dame mit schneeweißem Haar.
Ihr Bierglas ist geleert. Sie steht auf und sucht den
Weg zum Abort. Sie schwankt wie ein seekranker
Matrose. Ob das dem Bier oder dem Gleiskörper
geschuldet ist, über den wir fahren, bleibt offen.
Bier ist hier heute Nachmittag das favorisierte
Getränk. Klar, die Zeiten sind hart. Trost ist rar. Die
Kaffeetrinker sind in der Minderheit. Ich fühle mich

nachgerade exotisch.

Immer wieder ebben die Gespräche ab. Mitunter sogar gleichzeitig. Dann sind sie alle für sich und schauen. Vor sich hin. Hinaus. Ins Handy. Eine Zufallsgemeinschaft, die so nie wieder zusammenkommt und die nichts gemeinsam hat. Außer ein Erfolgserlebnis. Als der Zug an einer Autobahn vorbeifährt, auf der sich die Autos stauen.

Prost.

Liebe meines Lebens

Ein Nachtspaziergang am Meer
Mondscheinglanz im Gesicht.
Von Winden ummantelt.
Geschmack von salziger Gischt.

Mit jedem Lächeln von dir,
die Energie des kleinen Glücks.
Du bist nicht austauschbar,
ein funkelndes Einzelstück.

Deine heilende Hand.
Du bettest mich auf Seifenblasen.
Nie verwelkende Blumen
in purpurnen Vasen.

Ich kenn' deinen Duft,
die kleinen Fältchen, wenn du lachst.
Streiche ich durch Deine Haare,
was das mit dir macht.

Niemals hat mir jemand
mit einem einzigen Augenaufschlag,
voll zärtlicher Leichtigkeit
so viel gesagt.

Du hast es mir angetan,
kamst mir auf die Schliche.
Du hast mir so viel angetan.
Nichts auf der Welt, was dir gliche.

Der verrückteste Gedanke
der mir kam in all den Jahren.
Gab es eigentlich einen Plan.
Komplett abgefahren.

Bin ich umgeben
von lauter Merkwürdigkeiten.
Von abstrusesten Dingen
und Lärm von allen Seiten.

Halte ich die Augen geschlossen
und die Schleusen sind offen.
Nicht ein Traum ist vergebens
in dem du mir zugewandt.
Du Liebe meines Lebens:
Du bleibst mein Proviant.

Bahnerlebnisse (4)

Im Bordbistro ICE 772.

Der Mann schräg gegenüber trägt eine Jacke von Borussia Mönchengladbach. Dafür, dass sie Tabellenführer sind, könnte er sie mit mehr Stolz tragen. Seine Brust erscheint eher von der Cola geweitet, die er fortlaufend trinkt. Ihm gegenüber, mit dem Rücken zu mir, ein Herr mit strohblonden Haaren. Er ist in den Kicker vertieft. Beide sind offensichtlich Fußballfans sind, doch reden sie erstaunlich wenig miteinander. Bestimmt ist der Blonde Kölner. Neben mir ein Herr, dem selbst ein slim-fit-Hemd am Oberkörper nicht eng anliegt. Darüber ein Jackett. Es wirkt, als trüge er das aus Versehen. Seine Begleiterin ist so zierlich, dass man dem Kellner hinterherrufen möchte, er möge bitte eine doppelte Portion von dem Eintopf bringen, den sie sich bestellt hat. Der Rest ist in Mobilgeräte vertieft. Teils mit Ohrhörerkabel herunter baumelnd. In so einer Masse, das man sich fragt, ob der homo tatsächlich ein soziales Wesen ist.

Ungläubig

Ich glaube nicht daran,
dass ein Mensch nur ganz ist
zu zweit.

Ich glaube nicht daran,
das Liebe immer ewig hält.
Das ginge echt zu weit.

Ich glaube nicht daran,
dass es für uns
keine anderen gäbe.

Ich glaube nicht daran,
doch auch das nicht zweifelsfrei
es sei alles nur geschenkt.

Ich glaube nicht
an die ganz große Liebe
aber an die, die ich hab.

Ich glaube daran,
dass wir zusammen sind.
Das das Band sich Tag für Tag
von Neuem spinnt.

Ich glaube daran
dass du mein zuhause bist
Und das alles andere
einfach nur Gerede ist.

Ich glaube daran
viel weniger zu wissen.
In deiner Nähe
hat mein Kopf sein Kissen.

Bahnerlebnisse (5)

WC der Bahnhofslounge, Halle/S. Hauptbahnhof

Um zu dem WC zu gelangen, muss man über den Flur und durch eine Brandschutztür, der man nicht ansieht, dass sich dahinter ein WC befindet. Man erfährt das Geheimnis, wenn man die Bedienung der Lounge nach dem Klo fragt. Das Herren-WC, wie das der Damen vermutlich auch, ist dann noch durch einen Zahlencode gesichert, den ich hier natürlich nicht verrate. Soll doch das gemeine Bahnhofsvolk, dass zu geizig für einen Kaffee in der Lounge ist, zusehen, wo es seine Notdurft entrichtet. Während ich so am Pissoir stehe und mich an der zunehmenden Erleichterung, in ganz ähnlichem Umfang wie das Völle- und Engegefühl in meinem Inneren nachlässt, erfreue, höre ich eine Stimme. Ich darf bei der Gelegenheit ein Geheimnis verraten. Eine kleine Besonderheit an mir: ich kann nicht pinkeln, wenn mir einer zuschaut. Oder wenn ich auch nur das Gefühl habe, es KÖNNTE jemand zuschauen. Pissrinnen in großen Veranstaltungshallen oder in Stadien sind mir ein Graus. Ich warte geduldig auf ein Häuschen. Platze die Blase, wie sie wolle. Egal. Ich glaube, es liegt daran, dass ich einen Blick auf mein Geschlechtsteil, grundsätzlich mit Intimität verbinde. Das ist nichts für die Öffentlichkeit. Und nun das: ich gehe also für Bahnhofsverhältnisse in ein Hochsicherheits-WC und erwarte wohltuende Einzelhaft und höre eine Stimme. Wer ist das? Wo ist der Eindringling? Ich würde mich gerne umdrehen und die Umgebung visuell checken, bin aber ob meiner Tätigkeit gerade gebunden. Endlich fertig. Abschütteln, einpacken, Reißverschluss schließen und weg hier. Ich wende meine Schritte zum Waschbecken. Und da sehe ich es. Im Spiegel ist ein Display integriert. Und dort läuft Werbung. Gerade als ich um die Ecke biege schaue ich auf die letzten Bilder eines Spots für einen Glücksspielautomatenaufsteller. Und höre die Worte: „Glücksspiel kann süchtig machen und löst keine Probleme". Was mir das sagen soll, wo ich gerade mein Geschlechtsteil in der Hand hatte, beschäftigt mich seitdem. Wenn ich die Antwort weiß, schreibe ich sie hier hin. Versprochen.

Haut und Haar

Mit Haut und Haar.
Das sagt sich so lapidar.
Kein Geruch.
Nur Duft.
Die Stimme die ruft:
Es ist Ganz.
Es ist wahr.

Viel mehr, was ich nicht weiß

Wolken am Himmel
ziehen weiter,
wie an der Schnur gezogen
sie haben
keine Fragen
bleiben uns allen
gleichermaßen
gewogen.

Manche sterben mit vielem.
Manche sterben mit nichts.
Die einen hätten was verhindern können.
Die anderen nicht.

Ausgerechnet

Dieses leere Blatt Papier
Ist gar nicht leer
Denn manchmal kotzt es mich an
Da ist also doch was drin
Aber muss es ausgerechnet Kotze sein?

Was zu feiern

(Diese Geschichte ist ein Beitrag zur Anthologie „Zukunft", herausgegeben vom Leseforum Oldenburg, Norderstedt 2020.)

Er hatte so lange auf dem Klo gesessen, dass ihm erstmals bewusstwurde, wie viele Fliesen an der Wand klebten. Es waren 176. Auf dem Boden kamen noch 32 dazu. Seit Neuestem brauchte er viel Zeit auf dem Klo. Sein Handy ließ er an der Steckdose. Der Akku war nicht mehr der Beste und seine Internetzeit war neuerdings wieder begrenzt. Schmerzhaft war der Stuhlgang auch. Zuviel Weißbrot, zuviel Leberpastete aus dem Discounter. Er zählte die Socken auf der Leine, die über der Badewanne gespannt war. 16 Stück. Immerhin. Die Zahl ließ sich durch 2 teilen. Es hatte keine Verluste gegeben. Das hilft.

Er schaute aus dem Fenster. Eine geschlossene, tiefgraue Wolkendecke. Als ob sie auch die Sonnenstunden rationiert hätten.

Sein Stuhlgang war abgeschlossen. Er schmierte sich etwas Melkfett um den After. Ein Medikament wäre besser gewesen. Aber sein Apotheken-Budget war für dieses Quartal aufgebraucht. Verdammte Grippe. Die war nicht geplant. Er musste die kommenden Wochen ohne klarkommen. Seiner Frau würden sie die Salbe rezeptlos nicht geben. Außerdem war sie derzeit nicht gut auf ihn zu sprechen. Birgit könnte eine Option sein. Doch er hatte nicht vor, sie in Schwierigkeiten zu bringen. Die bezaubernde Birgit. An der Kinokasse war sie ihm zum ersten Mal aufgefallen. Wie sie da hinter dem

Tresen saß und ihm sein Ticket aushändigte. Die minimale Begegnung hatte ihn überwältigt. Gewinnendes Lächeln, schulterlange Haare, neckische Grübchen und eine Silhouette, die seine ganze Fantasie anregte. Er hatte sich dabei erwischt, nur noch dann ins Kino zu gehen, wenn sie an der Kasse saß. Bald fasste er sich ein Herz und sprach sie an. Und zu seinem eigenen, größten Erstaunen, beantwortete sie die Frage nach einem gemeinsamen Ausgehen mit Ja. Sie sah entzückend aus an dem Abend. Es gab ein paar Drinks und als er sie nach Hause brachte, fragte sie ihn vor der Haustür, ob er noch auf einen Kaffee mit rauf kommen würde. Sie bogen sich vor Lachen, ob der klischeebehafteten Formel und küssten sich auf der Straße. Es folgte eine Nacht voller Leidenschaft und Vertrautheit. Über das Thema Verhütung mussten sie nicht sprechen. Birgit hatte sich operieren lassen. Dafür gab es eine saftige Gutschrift des Gesundheitsministers samt Blumenstrauß. Sie wäre gerne Mutter geworden. Doch sie war von einem seltenen Gendefekt betroffen. Und für Nachkommen, mit vorbelasteten Eltern, gab es keine Leistungen der Gesundheitsversorgung mehr. Wenn solche Kinder Behandlungen brauchten, müssten die aus eigener Tasche bezahlt werden. Hätte er das vorher gewusst, hätte er keine Kondome kaufen müssen.

Die folgenden Wochen waren erfüllt von Unbekümmertheit. Mitten im grauen Winter. Sie genossen die Zeit miteinander. Und er erwischte sich dabei, dass er Zukunftsfragen stellte. Erst einmal nur bei und für sich. Nicht laut. Aber mit Birgit könnte es etwas werden. Er fühlte sich leicht. Unbeschwert. Dachte positiv, wie schon lange nicht mehr. Das

Komplizierteste war, sich zuhause nichts anmerken zu lassen. Noch wollte er mit seiner Frau nicht sprechen.

Neuerdings zog er gerne einen Hoody an und zog sich die Kapuze ins Gesicht. Er hatte sich einen nach vorn gebeugten Gang angewöhnt und trug durchgehend eine Sonnenbrille, sobald er sich außerhalb seiner Wohnung bewegte. Am liebsten hätte er so einen Störanzug, wie sein Nachbar getragen. Der hatte einen speziell gemusterten Stoff genommen und selber zu einem Overall genäht. Das Muster verwirrte die zahlreichen Kameras und machte die Gesichtserkennung schwieriger bis unmöglich. Der Triumph war ihm eine große Party wert. Doch seit ein paar Tagen war er nicht mehr im Haus gesehen worden. Urlaub war wohl nicht der Grund.

Die Sitzung auf dem Klo musste zu Ende gehen. Es brannte zwar noch fürchterlich, auf dem Klopapier waren wieder Blutspuren, aber heute war absolute Pünktlichkeit erforderlich. Er faltete ein neues Papier und steckte es sich zwischen die Pobacken, stand auf, spülte, wobei er mit der Start-Stopp-Taste darauf achtete nur so viel Wasser zu verbrauchen, wie nötig. Seitdem er in Stufe 3 eingestuft worden war, war sein Gebrauchswasser im Preis gestiegen. Und zwar sowohl die Grundgebühr als auch die Verbrauchskosten. Seine Beschwerde verhallte erfolglos. Der Robo im Chat ließ die Argumente nicht gelten und meldete sich alsbald nicht mehr.

Für den Termin heute zog er sich den Hoody nicht an. Sie wussten eh, dass er kommt. Warum verstecken? Er trug Hemd, Pullover und Sakko. Die Gattin schlief noch. Er verließ die Wohnung, so leise, wie möglich, ging durchs Treppenhaus und betrat die Straße. Sein Handy meldete sich sofort mit der Erinnerung, zu Fuß zu gehen und so gleich etwas für die Fitness zu tun. Der Termin von seinem Führungsoffizier war extra früh gelegt worden, damit er trotz des Gespräches pünktlich ins Büro kam. Eine Stunde. Länger würde es nicht dauern.

Der Sommer hielt sich ausgesprochen zurück in diesem Jahr. Der Morgen war diesig und für Juli eindeutig zu kühl. An der Straßenecke sah er einen Mann, der mit einer Zange Müll und Kippen aufsammelte. Als er näherkam, erkannte er ihn. Es war sein Nachbar. Sie tauschten einen flüchtigen Blick. Sein Gesicht war eingefallen. Unter den Augen hatte er tiefrote Ränder. Er nickte zum Gruß und wandte sich wieder seiner Arbeit zu.

Er kam an mehreren leerstehenden Geschäften vorbei. Vor Kurzem gab es hier Schnellrestaurants. Zum Beispiel einen Hamburger-Imbiss. Die besten der Stadt. Der Inhaber bereitete sie mit reichlich Speck und einer selbstgemachten Mayonnaise zu. Die endgültige Abschaffung des Bargeldes vor fünf Jahren hatte ihm ordentlich zugesetzt. Und nun gab es auch noch Punkte für gesunde Ernährung. Das war der Todesstoß für den Laden. Er entschied sich, zu schließen.

Daneben war früher ein Döner-Grill. Der Inhaber hatte das Land verlassen, nachdem er mehrfach „Besuch" von den Schlägern hatte. Seine Ersparnisse waren aufgebraucht. Eine erneute Renovierung und Neueinrichtung war nicht drin. Die Versicherung hatte eine Zahlung verweigert und die Anzeigen bei der Polizei brachten nichts. Schon zwei Tage später kam ein Beamter vorbei und sagte lächelnd, man hätte alles versucht, doch die Täter seien leider unerkannt entkommen. Als seine Tochter eines Nachmittags ohne Kopftuch, aber dafür mit kahlgeschorenem Kopf, tränenüberflutet aus der Schule zurückkam, entschloss er sich auszuwandern.

Sie hatten es mitbekommen und standen am Abflugschalter Spalier. Klatschten und johlten frenetisch. Grölten ihre Parolen („Und schon wieder einer weniger/Tschüss, hau ab, komm nie mehr her!"). Und stellten die Handyvideos davon unmittelbar ins Netz.

„Prima. Schon 5000 Schritte. So viel bist du schon lange nicht mehr am Morgen spazieren gegangen." Meldete sich seine App aus der Hosentasche. „Noch mal 5000 vor 8 Uhr und es gibt Bonuspunkte. Halte durch. Du schaffst das!"

Es war wohltuend, wieder aufrecht zu gehen. Er erreichte den kleinen Park, in dem er früher mit seiner Frau auf der Bank gesessen hatte. Stundenlang. Sie hatten sich gerne aus den Büchern vorgelesen, die ihnen gefielen und sich die Sonne auf die Haut scheinen lassen. Eine Gruppe ertüchtigte sich beim Frühsport. Der Anblick war eine Mischung aus Ferien-Club-Animation und Kasernenhof. Der Ton war zu freundlich für die Kaserne, die Übungen zu anstrengend für einen Beach-Club. Bei näherem Hinsehen erkannte er, dass es ausnahmslos junge Frauen waren. Sie trugen alle dasselbe T-Shirt. Auf dem stand in geschwungenen Lettern: 3 vor 30. Ein neues Programm der Regierung zur Stärkung deutschen Nachwuchses. Wer in den letzten zwei Generationen keinerlei Migration im Stammbaum hatte, wurde automatisch eingeladen. Die Teilnehmerinnen erwarteten weitreichende Vorteile im Alltag und wurden vielfach gefördert. Insbesondere bei der Ernährung, der Fitness, der allgemeinen Lebensführung und der Gesundheitsversorgung. Höhepunkt war der Urlaub auf „Love-Island". Es war der letzte Schrei. Quasi Bachelor. Nur in echt. Die Frauen fuhren in den Club an die Ostsee und dort warteten handverlesene junge Männer. Wer da mitmachte, war sicher auf Jahre hinaus ein Stufe-1 Bürger oder Bürgerin. Vorausgesetzt, sie hielten sich an die Spielregeln.

Er erreichte sein Ziel. Das imposante Gebäude hatte sich vor ihm aufgebaut, nachdem er um die letzte Ecke gebogen war. Er nahm die Stufen hoch zum Eingangsportal, das von zwei bewaffneten Soldaten gesichert wurde. Er lehnte sich gegen die schwere Eisentür, um sie zu öffnen, und betrat das ausladende Innere des Bauwerks. Sein Offizier erwartete ihn.

„Pünktlich, wie die Maurer. Na bitte. Geht doch. Guten Morgen" sprudelte es aus ihm, viel zu freundlich heraus. Sie schüttelten sich die Hände. Er grüßte zurück und ließ den Blick durch die Halle streifen. Sein Offizier folgte seinen Augen. „Imposant, oder? Tja, das Gebäude hat eine lange Geschichte. Erst die Gestapo und dann die Stasi. Jetzt erfährt es quasi eine Erhöhung. Endlich ein Bonusprogramm, wo sich jeder qualifizieren kann. Früher Unterdrückung. Heute Motivation und Qualifikation. Zwischendurch war übrigens noch das Amt für Schädlingsbekämpfung hier untergebracht." Er machte eine kurze Pause, um dem Nachhall seiner Worte zu lauschen. „Schauen sie sich diese Architektur an. Alles so überdimensioniert. Hauptsache wir Bürger kommen uns klein vor und willenlos. Schrecklich. Ich bin jeden Tag froh, dass die alten Zeiten vorbei sind. Sie müssten mal in den Keller gehen, da wo die Einzelzellen sind. Die verzweifelten Schreie der Gefolterten sind dort immer noch zu hören. Als wären sie in den dicken Wänden konserviert. Die Zellen sind unverändert. Könnte morgen wieder los gehen. Also, ganz im Vertrauen, wenn es nach mir ginge, hätte ich den Schuppen hier abgerissen. Na ja, aber wer sind wir schon. So, dann kommen se mal mit."

„Glückwunsch. Du hast heute 10.000 Schritte getan. Und das vor 8 Uhr. Das gibt einen Bonus. Der wurde Deinem Konto sofort gutgeschrieben. Weiter so" meldete sich sein Handy aus der Hosentasche.

„Sie mal an, sie haben die Fitness-App installiert. Prima. Die leichteste Art, Punkte zu machen, oder?"

„Und das Trinken nicht vergessen" quasselte die App weiter „und achte auf Deine Ernährung. Geh doch heute Mittag in eine Video-Kantine. Das gibt nochmal Extra-Punkte. Du schaffst das!"

„Klasse Sache mit der Video-Kantine, was?"

Er brummte, um wenigstens irgendwas von sich zu geben.

„Tja, früher haben die Leute immer eingegeben, dass sie Salat mit Joghurtdressing essen, doch in Wirklichkeit lag die Currywurst mit Pommes auf dem Teller. Nur Lügner und Betrüger. Wohin du guckst. Aber jetzt kann der Ehrliche im Video-Restaurant speisen und wird für seine Aufrichtigkeit belohnt. Der Hammer!"

Ihr Weg führte sie zwei endlose Treppen hinauf und dann einen langen Flur entlang. Linke Hand Fenster, auf der rechten Seite Türen. Beides in exakt gleichem Abstand gegenüber. Das Parkett knarzte ein wenig unter ihren Schritten. Sie erreichten ihr Ziel, der Offizier öffnete die Tür und ließ ihm den Vortritt. Es erwartete sie ein nahezu quadratischer Raum. Ein ausladender Schreibtisch auf dem lediglich ein Tablet lag. Dahinter ein Schreibtischstuhl aus Leder mit Armstützen und hoher Rückenlehne mit Kopfteil. An der Wand ein Sideboard mit einer Karaffe voller Wasser und zwei Gläsern. Vor dem Schreibtisch zwei Stühle aus Holz, ohne Sitzpolster. Er nahm auf einem Platz. Der Offizier setzte sich auf seinen Lederstuhl und sah ihn an.

„Hören sie, Bürger 7601-2272-8873-BZO" sagte er nach der Kunstpause. „Nennen wir unseren Plausch ein ‚Perspektivengespräch'. Am besten, wir kürzen das Mal ab und kommen zur Sache. Sie haben am 27.Juni eine Packung Kondome und zwei Flaschen Rotwein gekauft. So weit, so gut. Sie sind ein verheirateter Mann. Nur: Sie sind vasektomiert. Seit zwei Jahren. Und ihre Frau ist gesund. Zumindest war sie das bei der letzten Kontrolle beim Gynäkologen. Stellt sich die Frage: Für wen oder was die Verhüterlis? Na ja, für was ist ja klar. Aber für wen? Und der Wein. Ein 2018er Merlot. Den trinken sie sonst nie. Und ihre Gattin ebenfalls nicht. Wenn überhaupt greift sie mal zu Weißwein und den am liebsten als Schorle. Und da sie und ich die Grundrechenarten beherrschen, zählen wir einmal in aller Ruhe eins und eins zusammen. Oder soll ich kurz nachschauen, welchen Rotwein die Birgit so für gewöhnlich trinkt?"

Der Offizier sah ihn ausgesprochen freundlich an, als würde er seinen Worten mit professionellem Stolz hinterherhören wollen.

„Und jetzt erzählen sie mir mal nicht, dass zuhause nichts mehr läuft und sie sich nur austoben wollten."

Er wischte auf seinem Tablet rum.

„Ah, hier ist es: Ihre Ehepartnerin war in den letzten drei Monaten 22 mal auf Angebotsseiten von Damenwäsche. Also der Hochwertigen, wenn sie verstehen, was ich meine. Nicht diese Alltags-Schlüppis. Sondern die Schwarzen. Mit Spitze und so. Klasse Geschmack hat ihre Frau. Glückwunsch. Da können sie sich freuen. Und dann hat sie ein Romantik-Hotel gebucht. Für sie zwei. Ich weiß, das sollte eine Überraschung werden zum Geburtstag. Tut mir leid, dass sie es jetzt so erfahren. Aber bitte, wir sitzen hier ja nicht, weil ich das so will, sondern weil sie ja nachgerade drum gebettelt haben, nicht?"

Der Offizier lachte. Er selbst saß regungslos auf seinem Stuhl und sagte nichts.

„Nun ja, Romantikhotel war gar nicht einfach, sie da anzumelden. Sie wissen schon, wegen der Punktzahl. Wir haben da noch mal ein Auge zugedrückt. Ihre Frau hat sich mächtig für sie ins Zeug gelegt. Und was machen sie? Mensch, ich habe es ihnen immer gesagt: seien sie treu, brav und loyal. Aber nein: sie können ja nicht anders, als dem erstbesten Hormonschub nachgeben. Mann, Mann, Mann. Wie sollen wir das denn nun ihrer Frau nicht erzählen?" Der Offizier stand auf, ging zu einem Sideboard, auf dem eine Wasserkaraffe stand, schenkte zwei Gläser, stellte eines vor ihn hin und setzte sich mit dem anderen in der Hand wieder hin.

„Das gibt reichlich Punktabzug. Fremdgehen ist gar nicht gut. Und dann auch noch mit einer, die keine Kinder bekommen kann. Wenn sie nun wenigstens eine Fruchtbare gewählt hätten. Sie haben ja Samen eingefroren. Das wäre zu argumentieren. Aber so? Und, nur um es erwähnt zu haben: Zieht die Betrogene aus, haben sie eine zu große Wohnung. Die schöne, große Wohnung. Die haben wir ihnen doch nun endlich zukommen lassen. Gegen großen Widerstand hier im Haus. Das möchte ich bei der Gelegenheit noch einmal betonen. Ich habe mich da eingesetzt. Weil ich an sie geglaubt habe. Da gab es einige, die waren gar nicht einverstanden. Was meinen sie, was die sich jetzt ins Fäustchen lachen. Ich stehe richtig blöd da, ihretwegen. Wenn sie alleine in der Wohnung wohnen, wird es eng für sie, ich sage es ihnen nochmal. Sie könnten aber ihr Auto verkaufen und stattdessen mit dem Rad zur Arbeit fahren. Oder mit dem Bus. Für sie als Deutscher ja kostenlos. Nächste Woche geht auch die offizielle Pflanzzeit wieder los. Wenn sie beim Baumpflanzen am Wochenende mithelfen, werden ihnen reichlich Punkte gutgeschrieben. Noch besser ist allerdings: Müll aufsammeln auf öffentlichen Straßen und Plätzen. Das hat bei ihrem Nachbarn auch gut geholfen. Dessen Punktekonto füllt sich wieder. Langsam aber stetig. Den haben sie eben getroffen, nicht wahr? Sie hätten mal ein paar Worte wechseln können. So vorbeigehen, als würde man sich nicht kennen. Ist doch sonst nicht ihre Art."

Der Offizier nahm einen großen Schluck und stellte das Glas vor sich auf den Schreibtisch.

„Besuchen sie mal wieder ihre Eltern. Am besten regelmäßig. Und bitte: lassen sie das Scherzen über den Kanzler. Das gibt jedes Mal Punktabzug. Sie wollen doch mal wieder essen gehen, oder? Außerdem: Sie stehen von ihrem Können grundsätzlich für eine Beförderung an. Nur mit dem

Kontostand wird das nichts. Wenn sich ihre Frau von ihnen trennt, brauchen sie auch nicht auf Dating-Apps zu suchen. Ihr Punktestand wird ja immer mitgeliefert. Das wird ausgesprochen schwer, da eine vernünftige Frau kennen zu lernen.

Und faul sind sie geworden. Warum haben sie mit dem Laufen aufgehört? Vor Kurzem waren sie fit. Ich habe die Ergebnisse ihres letzten Checks beim Hausarzt gelesen. Aber jetzt? Immerhin haben sie heute Morgen den Weg zu Fuß gemacht."

Er stand erneut auf und schenkte sich Wasser nach.

„Ach, eines noch. Überdenken sie bei der Gelegenheit ihren Freundeskreis. Sie haben da so ein paar finstere Gestalten, mit denen sie häufig in Kontakt stehen. Es macht sich nicht gut, sich mit so vielen Stufe 4-Bürgern zu umgeben. Ihr Chef sieht das übrigens auch nicht so gerne und ist da etwas in Sorge, aber das hatten wir ja schon. Wie gesagt, wollen sie befördert werden, dann ist es jetzt höchste Eisenbahn, dass sie mal anständig Frühjahrsputz in ihrem Leben machen. Mensch Junge, das ist doch nicht so schwer. Sie können sich die Broschüre ja noch mal downloaden. Dort finden sie das ganze Programm Stück für Stück erklärt. Gibt einen Punkt, haha."

Der Offizier versuchte, gewinnend zu schauen.

„Fassen wir mal zusammen: Unser Bonussystem vergibt maximal 1300 Punkte. Es muss ihr Ziel sein, da wieder hin oder sagen wir mal, wenigstens in die Nähe zu kommen. Vierstellig ist das Mindeste. Zur Belohnung wird in dem Moment der Premium-Tarif in der Krankenkasse für sie freigeschaltet. Damit das mit ihrem After mal aufhört. Sie wissen schon. Derzeit liegen sie bei 822 Punkten. Wenn jetzt der

Auszug ihrer Frau dazukäme, gibt es Abzug, weil sie alleine eine zu große Wohnung bewohnen. Dann kommen sie nah an die 600. Und ehrlich: Das empfehle ich meinem ärgsten Feind nicht."

Der Offizier stand auf, kam um den Tisch herum und reichte ihm die Hand. Er erhob sich ebenfalls und schlug ein. Der Offizier legte seine zweite Hand darüber und sah ihn lächelnd an.

„Prima, dass sie es heute Morgen einrichten konnten. Ich hoffe, beim nächsten Mal haben wir mehr zu feiern. Sie schaffen das. Wenn was ist, einfach melden. Machen sie´s gut."

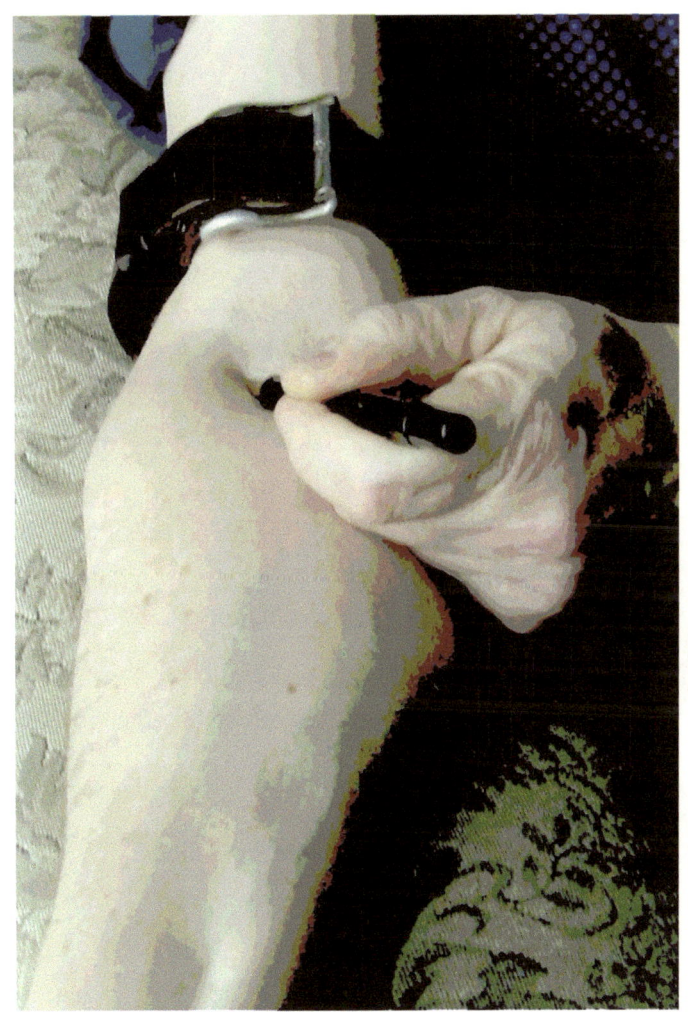

Kein Liebesgedicht

Dies ist kein Liebesgedicht
Warum?
Ganz einfach.
Ich liebe dich einfach nicht.
Mehr.
Sehr.

Zu uns fällt mir kein Reim mehr ein.
Das kann man drehen und wenden, wie man will.
Ich kann es nicht mehr hören, worauf sich Herz
reimt.
Geht mir auf den Geist.
Ein falscher Kuss tut weh.
Wie kalter Schnee im Gesicht.
Das ist es.
Ob sich das reimt oder nicht.
Unsere Liebe ist nicht gescheitert.
Sie ist beendet.

Ein kleiner Überblick über unsere Themen in den
letzten Wochen:
Pinkeln im Stehen.
Abwasch.
Handtücher auf dem Badezimmerboden.
Duftkerzen.
Überall.
Soll ich weitermachen?

Die Leidenschaft ist so frisch wie Bundeswehr -
Esspakete.
Ist es nicht schön, wie du so angestrengt zu Boden
schaust.
Damit sich die Blicke ja nicht treffen.
Du willst es doch auch.
Das es vorbei ist.

Wenn es so weit ist

Tu mir einen Gefallen
denn ich finde Gefallen
an dir und möchte fallen
tief in deine Arme

Du hast ein schönes Gesicht
bei dir hab ich Zuversicht
dass es mit uns nicht schlicht
sondern großartig wird

  Bitte keine neuen Bilder
  das macht mir echt was aus
  Wenn es so weit ist
  hole ich ihn raus.

Es ist ja nicht so
als sei er mir ganz egal
Es kommt der Augenblick
da sorgt er für den Kick

Ich freu mich auf unser Date
ich will schon wissen was geht
aber die Lust kann mir vergeh´n
muss ich mehr deiner Bilder seh´n

Ich freue mich auf das Gefühl
ehrlich, klar und ohne Kalkül
ich mag es leise und laut.
Ich freue mich auf deine Haut

Bitte keine neuen Bilder
das macht mir echt was aus
Wenn es so weit ist
hole ich ihn raus.

Dreh'n und wenden

Ich bin der Stein im Schuh, der gerissene Senkel.
Ich lass dir keine Ruh,
ich bin die leere Rolle auf dem Klo.
Ich bin das feuchte Pulver, gerade,
wenn du schießen willst.
Ich bin das Jucken in der Nase, gerade, wenn du
zielst.
Ich bin die fehlende Lösung in deinem Streit,
bin der lachende Dritte, wärst du lieber zu zweit.

Bin die Karte, die du für das Navi weggegeben hast.
Ich der Kellner, der dich übersieht
und du der wütende Gast.
Ich bin die leere Tube, in der du Zahnpasta
wähntest.
Ich bin das Wort,
das du zur richtigen Zeit nicht erwähnest.
Ich bin die Uhr mit neuer Batterie
und gehe doch immer verkehrt.
Ich bin dein Schwarm,
der aber leider jemand Anderes begehrt.

Ich bin das Problem, wenn du denkst, dass es
einfach ist.
Für deine Rechnung bin ich die abgelaufene Frist.
Ich bin der nicht gestreute Fußweg im vereisten
Winter.
Bist du mit ihr am Flirten, bin ich der Latinlover.
Ich bin der Kater nach der durchzechten Nacht.
Ich bin auf hoher See die leckgeschlagene Yacht.

Ich bin der falsche Moment, bin dein fehlendes
Talent.
Ich bin deine kalte Dusche, bin die verlaufene
Tusche.
Ich bin das kleine Stück, das zum Gelingen fehlt,
bin die richtige Summe, doch du hast dich verzählt.
Ich bin der erste im Ziel,
hast du auf wen Anderes gesetzt.
Musst du dringend wohin, bin ich das Schild
„Besetzt".

Renn um dein Leben.
Du drehst dich im Kreis.
Ich bin in deinen Poren
der übelriechende Schweiß.
Du kannst dich dreh'n und wenden
und kommst doch nicht in den Schlaf.
Ich sorge klammheimlich dafür: Es wird übel enden.
Ich bin, was deine Befürchtungen noch übertraf.

Ich bin all das, was du vergessen willst.
Alles und jeder von dem du glaubst,
es ginge dich nichts an.
Du hast das Glück gepachtet.
und mich ein Leben lang missachtet.
Du glaubst, du seist ganz selbstverständlich dran.

Ich bin dir egal. Du kennst nicht mal meinen Namen.
Und du denkst, du kommst damit durch.
Kennst, ohne Wimpernzucken, kein Erbarmen.

Du wirst mich nicht los.
Ich vergesse niemals meinen Text.

Ich bin die Decke, nach der du dich vergeblich
streckst.
Ich bin der verlorene Faden.
Bist du der Speck,
schicke ich dir die Maden.
Renn um dein Leben.
Du drehst dich im Kreis.
Ich bin in deinen Poren
der übelriechende Schweiß.
Du kannst dich dreh'n und wenden,
und kommst doch nicht in den Schlaf.
Ich sorge klammheimlich dafür: Es wird übel enden.
Ich bin, was deine Befürchtungen noch übertraf.

Herbst

Bonjour tristesse
ich weiß nicht wess
Geistes Kind Du bist.
Und was das soll
dieser Groll
gegen alles Schöne.
Du verabscheust das Bunte
und liebst das Grau.
Du verschmähst das Dur
Bevorzugst Töne in Moll.
Wie ich schon sagte:
ich weiß nicht,
was das soll.

Zu banal

Nicht breit genug
ist der Kanal
an Worten.
Es gälte neue zu erfinden.
Ist doch alles zu banal
was an Vokabeln zur Verfügung steht
um zu beschreiben,
wie es mir mit dir geht.

Staunen

Du hast mich staunen gesehen
Lange bevor das Wunder geschehen
Denn erstmal kommt das Staunen
Wenn die Worte fehlen
Um dem Mysterium auch nur nahe zu kommen.
Ich habe trotzdem gestaunt
Obwohl ich alles weiß
Ein Staunen, das endlos ist,
weil es nie selbstverständlich ist,
dass es Menschen gibt, wie du einer bist.

Ein Staunen,
dem nur Du und ich begegnen konnten.
Wie ein kleiner, verschworener Witz
In einer Sprache, die nur wir verstehen

Jetzt mit dir

jetzt mit dir
zu zweit auf dem balkon
wir müssten gar nichts sagen
es wäre auch so klar
wie wir uns tragen
wir haben ganzjährig saison

sagen wir, es tut uns leid
von mir aus auch im voraus
und wir lassen wunder geschehn
es kann sowieso nichts daneben gehn

noch ein glas wein
zu zweit auf dem balkon
wir kommen nur wirklich weiter
wenn auf dem tandem beide alles geben
unsere liebe ist flüchtig
sollte sich einer über den anderen erheben

ich möchte dich mit mir malnehmen
du bist mein entscheidender faktor
kaum eine chance wird es zweimal geben
ohne uns wären wir ärmer als je zuvor

jetzt mit dir
ein kuss auf dem balkon
herr richter, wir machen ein geständnis
wir sind ein ganzes
jenseits der räson

keine währung kann dieses guthaben erfassen
wir haben uns vollumfänglich eingelassen

jetzt ein liebliches zusammensein
hier auf dem balkon und insgeheim
freuen wir uns auf die nacht
wenn das firmament sein funkeln entfacht.

jetzt mit dir
zu zweit auf dem balkon
amour fou und brandungsfels
it matters nothing else
das alltägliche, wortlose verständnis
ein dauerhaft honigsüßes wagnis

Aus Versehen mitgehört

„Wenn du mit derselben Intensität wie du die Sportseiten liest, den Reiseführer lesen würdest, den ich dir zum Geburtstag geschenkt habe, dann..."

Liebesbrief

Dies soll ein Liebesbrief werden.
Nach so vielen Jahren.
Liebe ist eine Entscheidung, sagt man.
Ich könnte jetzt schreiben davon,
wie Du mich umhaust,
wie Du meinen Alltag auf den Kopf stellst.
Wie mir gerade alles egal ist.
Ich auf wundersame Weise keinen
Schlaf mehr brauche
und trotzdem voller Energie bin.
Wie es ist, sich so ferngesteuert zu fühlen.
Von der eigenen Libido,
die einzig auf Dich gerichtet ist.
Und wie schön es ist, am Wochenende
einfach im Bett zu bleiben
und sich die ganze Zeit zu lieben.
Immer wieder.
Bis wir nicht mehr können.
Wir, der Mittelpunkt des Kosmos.
Die Welt um uns geglättet,
wie ein Stein, der Jahrhunderte in der Brandung lag,
von türkisgrünem Wasser geformt.
Doch das war damals.
Dieser verschwenderische Überschwang,
dieser täglich Drang sich an den Anderen zu
verschenken,
sich hinzugeben.
Geblendet,
verblendet,
ausblendend.
Das alles war damals.

Heute ist Liebe.
Machen wir das Beste draus.
Ach ja, und: Bevor ich es vergesse.
Ich liebe Dich.

Weit weg

So weit weg
So weit weg
So weit weg
Aus dem Fenster zu rufen
hat keinen Zweck.
Du wirst es nicht hören.
Du bist so weit weg.

Der Mann auf der gegenüberliegenden Straßenseite

Gerade als ich meinen Gedanken nachhängend aus dem Fenster schaue, bekomme ich feuchte Hände und es bildet sich ein leichter, aber spürbarer Film auf meiner Stirn. Instinktiv weiche ich einen Schritt zurück, verliere aber den Menschen nicht aus den Augen, den mein eigentlich eher gelangweilter Blick erfasst hat. Bei dem Schritt rückwärts trete ich auf einen Mehrfachstecker, der mitten im Raum liegt. Ein stechender Schmerz durchfährt meinen Körper, als ich mit der nackten Sohle meines rechten Fußes mein komplettes Gewicht auf der Kante des Plastikgehäuses absetze. Das ganze Zimmer ist nahezu leer. Doch genau hier muss dieser verfickte Dreierstecker im Weg rum liegen. Ich bin schwerer geworden. Das kommt noch dazu. Die letzten Monate haben reichlich gekostet. Geld, Lebenserfahrung, Menschen-un-kenntnis und meine bis dato anständige Figur. Ausgerechnet Bauchfett habe ich angesetzt. Und nicht zu knapp. Die Quittung für die Discounter-Orgien. Zu viele Kohlenhydrate, günstiges Fleisch und zu wenig Obst und Gemüse. Die sportlichen Aktivitäten dazu komplett eingestellt. Hallo Netflix, hallo Amazon Prime. Und mein Korrektiv war ausgezogen. Es war eine Zeit der inneren Einkehr, könnte man sagen. Ich bin nicht öfter vor die Tür, als unbedingt notwendig. Ich hatte immer das Gefühl, der ganze Scheiß stände mir ins Gesicht geschrieben, als ob mir jemand ein Brandmal auf die Stirn gedrückt hätte, wie so einer Kuh auf einer amerikanischen Rinderfarm. Oder mit dem Messer eingeritzt. Wie in diesem Tarantino-Film, in dem so ein paar Typen im 2.Weltkrieg Nazis jagen. Und wenn sie einen gefunden haben, ritzen sie ihm ein Hakenkreuz auf die Stirn. Bestenfalls.

Immerhin lässt der Schmerz etwas nach. Ich habe mein rechtes Bein angewinkelt, so dass ich an meinen Fuß komme, ohne dass ich meinen Blick von dem Mann nehmen muss. Ich streiche über die Stelle an der Fußsohle. Und kann ihn wieder abstellen.

Auf der gegenüberliegenden Straßenseite steht auffällig unauffällig ein Mann. Tadellose Kleidung: Jeans, Sneakers, Hemd, Sommerjacke. Ohne Tatze oder sonst einem Logo. Die Haare frisiert, der Bart gestutzt. Wahrscheinlich auch ein makelloses Gebiss. Privat versichert als Ergänzung zur Beihilfe des Dienstherrn. Gesichertes Beamteneinkommen.

Er hat mit seinen Kunden nichts gemein. Rein gar nichts.

Unter dem Arm trägt er eine Aktentasche. Soweit ich das sehen kann aus Leder. Die Trageschlaufe, die es ihm erlauben würde, sie auch über der Schulter zu tragen, hängt gelangweilt herunter. Er beobachtet den fließenden Verkehr und schwenkt dafür seinen Kopf hin und her, als folge er einem Tennismatch. Aufschlag Kerber. Return Petkovic. Er könnte auch einfach die paar Schritte bis zur Ampel gehen, dort die Straße während der Grün-Phase für Fußgänger überqueren und anschließend auf der anderen Seite ebensoviele Meter wieder zurücklaufen. Doch stattdessen steht er da und wartet geduldig darauf, dass der fließende Verkehr ihm eine zur Fahrbahnüberquerung geeignete Lücke überlässt. Als angemessenen, privaten Service. Dieses Verhalten spricht eigentlich gegen den Status eines Beamten.

Denen sagt man ja nach, dass sie sich schon des Eides wegen an nahezu alle Regeln halten. Obwohl, das ist auch nicht mehr so. In meiner Küche hat sich schon mal ein Beamter, der eigentlich mit einem Bündel Geldscheine meine Wohnung wieder verlassen wollte, an einem schwülwarmen Freitagnachmittag im Sommer die Kante gegeben und meine Wohnung sturzbetrunken aber ohne mein Geld wieder verlassen. Ich hatte im Übrigen auch keines. Aber das nur nebenbei. Und das, obwohl man in jedem Tatort den Satz hört, dass Beamte im Dienst nicht trinken.

Es läuft nicht gut für den Mann gegenüber. Er steht immer noch da. Effektivität bestimmt nicht sein Handeln wie damals bei Major Tom. Er hat die Ruhe weg. Haben die ja alle. Also alle, die ich kennen gelernt habe. Für die ist man ein Aktenzeichen, das abgearbeitet werden muss. Nicht mehr und auch nicht weniger. Ja, auch irgendwie ein Mensch. Aber erstmal ein Aktenzeichen, gedruckt auf ein Stück Papier, das zwischen einen Aktendeckel passt. Irgendwie war das immer niedlich mit anzusehen, wenn ich zur Stadtkasse musste. Einmal hatte ich mich mit den Brüdern darauf geeinigt, die Raten in bar abzuliefern. Und so lief ich am ersten des Monats dahin. Zehn mal.

Natürlich hätte man das auch überweisen können. Nur war das im Grunde nicht mein Geld, sondern das meiner Oma. Eines Sonntags war ich mit einem selbstgebackenen Kuchen zu ihr gefahren. 30 Minuten Regional-Express. 22 Minuten warten. 17 Minuten Regio-S-Bahn. 18 Minuten warten. 28 Minuten Bus. Und dann noch rund 30 Minuten zu Fuß. Das alles bei sengender Hitze und mit einem

Kuchen auf dem Arm. Oma Hedwig freute sich sichtlich über meinen Besuch. Aber, sie war auch nicht doof. Auch, wenn die Knochen und manches andere am Körper ihr zu schaffen machte. Der Kopf war klar. Und ihre Antennen exakt justiert. Im Grunde war es aber auch offensichtlich. Ich war vor diesem Besuch genau 0 mal mit Kuchen bei Oma Hedwig. Wenn, dann war ich mal zur Apfelernte da. Oder zum Rasenmähen. Auf ihrem Landgrundstück standen eine beachtliche Anzahl an Apfelbäumen. Relikte aus alten Zeiten. Gepflanzt von den Ur-Urgroßeltern irgendwann vor dem 1.Weltkrieg. Es gehörte zu den sich immer wiederholenden Geschichten auf Familienfeiern, welches Glück dieses Stück Land im 2.Weltkrieg bedeutete. Die Familie war aus der Stadt auf das Landgrundstück gezogen. Außer Opa Waldmar, der unter der Woche dortblieb. Der Arbeit wegen. Der war nur am Wochenende da. Der Rest der Familie war vor Bombenangriffen in Sicherheit und konnte sich nahezu selber ernähren. Zu Kriegszeiten waren nicht nur die Apfelbäume Gold wert. Jeder Quadratzentimeter war mit irgendwas essbarem vollgepflanzt. Und alle, die dort wohnten, mussten mithelfen. Die Familie erwarb eine wahre Meisterschaft im Einkochen von Obst und Gemüse um mit den Erträgen gut durch den Winter zu kommen. Und um genug zum Tauschen zu haben. In der Stadt konnte man mit einem Glas eingemachten Apfelkompott schon mal ein Stück Kohle ergattern. Oma Hedwig kochte noch lange nach dem Krieg ein. Aus reiner Gewohnheit. Auch dann noch, als Gemüse im Supermarkt quasi täglich verfügbar und bezahlbar zugleich war. Bei dem eigenen Gemüse weiß man, was man hat, war einer ihrer zahllosen Sprüche. Als Opa starb und nach und nach die Kinder das Haus verließen, und sich nicht mehr verheimlichen ließ, dass auch Oma Hedwigs Kräfte nachließen, stellte sie den Gemüseanbau vollständig ein. Mit Ausnahme eines kleinen Gewächshauses, in dem sie frische Kräuter und ein paar Tomaten zog. Da, wo früher Gemüse stand, ließ sie die Natur machen, einzig unterstützt durch reichlich Samen für eine wilde Blumenwiese. Und es dauerte auch nicht lange, da war die Fläche zu einem reichhaltigen, in den schillerndsten Farben erstrahlenden Blütenmeer mutiert. Zur großen Freude von allerlei Bienen, Wespen und Hummeln. Vor der Terrasse säte sie ein kleines Stück Rasen, so dass zukünftige Enkelkinder dort mal im Blickfeld der Eltern und Großeltern würden spielen können. Die Apfelbäume standen so weit auseinander, dass man zwischen ihnen mit einem Aufsitzmäher herumfahren konnte. Oma Hedwig hatte binnen weniger Monate aus einem ertragreichen aber auch im gleichen Maße arbeitsreichen Stück Land einen ihrem Alter und ihren Kräften angemessenen Hobbygarten gemacht, der mit einem Bruchteil an Aufwand zu bewirtschaften war. Und ich gehörte zu den Helden, die ab und zu rausfuhren zu ihr, um Aufsitzmäher zu fahren. Bei der Anschaffung wurde Oma noch belächelt. Doch sie kannte uns alle besser. Es dauerte nicht lange und ihre Enkel standen Schlange um mit dem fahrbaren Mäher um die Bäume zu kurven und anschließend zur Belohnung Omas Pfannkuchen mit Apfelkompott zu genießen. Jedes Jahr im Herbst trommelte sie die ganze Familie zusammen, um die Äpfel zu ernten. Es handelte sich um 22 Bäume, die über 2 Tonnen Ernte brachten. Ein

Teil wurde ins Haus getragen und dort in der Küche gleich verarbeitet. Die Masse wurde auf einen offenen Hänger geladen und zwei Ortschaften weiter in eine Mosterei gegeben. Und dann gab es kistenweise Apfelsaft aus zurück. Alle, die geholfen hatten, konnten sich ihren Anteil abholen und den Rest verstauten wir im Keller. Am Abend der Ernte saßen wir alle zusammen. Es gab Würstchen und Nackensteaks vom Grill. Bier für die Alten und süße Limonade für die Kleinen. Zum Ausklang fanden sich alle, die noch wollten um ein Lagerfeuer an. Onkel Herbert holte seine Gitarre raus und wir schmetterten alles, was er spielen konnte. Vom Wanderlied bis zu Deep-Purple-Songs.

An diesem Tag aber kam ich nun mit dem Kuchen. Und mein Besuch hatte schon rein von der Jahreszeit her nichts mit der Apfelwiese zu tun. Meine Oma war, wie erwähnt von einer bestechenden Menschenkenntnis. Insbesondere was ihre Enkel anging. Als wir jeder zwei Stück Kuchen gegessen hatten und bis dahin über allerlei belangloses Zeug gesprochen hatten, entstand eine kurze Pause. Mein Blick war auf den Garten gerichtet und so bemerkte ich zunächst nicht, dass meine Oma mich längst fixierte. Als ich endlich ihren Blick erwiederte, sahen wir uns an. Wie zwei Cowboys vor dem Duell. Nur, dass dies hier kein Duell war. Und auch nichts Todbringendes in der Luft lag. Außer, dass ich, sollte Oma Hedwig mir nicht helfen, keine andere Option mehr gesehen hätte, aus der Nummer rauszukommen. Noch immer blickte mich meine Oma an, ohne eine Miene zu verziehen.

„Wieviel" fragte sie schließlich.

Ich war erschrocken. Nicht mit einem Wort hatte ich erwähnt, dass mir das Wasser bis zum Hals stand. Das sich im Flur die bunten Briefe stapelten und dass der Inhalt derer, die ich geöffnet hatte, immer unfreundlicher wurde. Das der Typ von der Sparkasse Mühe gehabt hatte, mich nicht auszulachen, als ich ihn nach einem Kredit fragte. Das mir alsbald der Strom, und dann das Wasser abgestellt würde. Das außer Discountbier in Plastikflaschen mit Schraubverschluss nichts mehr in meinem Kühlschrank war. Nichts davon hatte ich erwähnt.

„Sieben" hörte ich mich schließlich antworten und kam mir reichlich abgezockt vor.

Oma Hedwig verzog keine Miene und musterte mich weiter. Ich hatte zunehmend Mühe, ihrem Blick standzuhalten, doch noch gelang es.

„Zehn Raten á 700€. Du kommst zu mir und holst es dir in bar ab. Jedes Mal bringst du einen Kuchen mit. Außerdem wirst du mir einen Schuldschein unterschreiben. Über die Rückzahlung befinden wir später. Als Zinszahlung wirst du mir meinen Keller aufräumen, den Dachboden auf Vordermann bringen und das Gästezimmer streichen. Außerdem die Regenrinnen zweimal von Laub befreien. Am Ende der Apfelwiese wuchern die wilden Brombeeren. Du kommst vorbei und wirst die absensen, zur Feuerstelle bringen und verbrennen. Anschließend wirst du die Wurzeln ausbuddeln. Kommst du dem nicht nach, gebe ich den Schuldschein meinem Anwalt. Und ob verwandt oder nicht: Der macht dir die Hölle heiß."

Oma Hedwig hatte mich nicht aus den Augen gelassen. Mir stand der Schweiß auf der Stirn, was nur zum Teil an der Sonne lag.

„Geht klar, Oma. Machen wir" antwortete ich und kam mir bescheuert vor. Wie schon seit Wochen, überforderte mich die ganze Sache. So auch diese Situation. „Und: Danke" fügte ich noch gerade rechtzeitig an.

Oma Hedwig griff meine Hand und streichelte sie leicht. Gott sei Dank nur auf der Oberfläche. Die Innenseite war schweißnass. Und das wollte ich nun doch nicht, dass sie das mitbekam. Obwohl sie es wahrscheinlich eh schon wusste.

Gegen meinen Willen musste ich laut ausatmen. Erst jetzt, als mit der Luft aus den Lungen auch ein Teil der Anspannung meinem Körper entwich, spürte ich, wie verkrampft ich zuvor gewesen war. Oma Hedwig lächelte. „Ich will es gar nicht wissen" sagte sie. „Lass es dir eine Lehre sein. Das ist das erste und letzte Mal, das ich dir helfe. Werd erwachsen, Junge."

Die Stadtkasse war in einem altehrwürdigen Gebäude mit Eingangsportal aus schweren Eichentüren, zu dem man mehrere geschwungene Steinstufen erklimmen musste, untergebracht. Dahinter ein Windfang und eine weitere Tür, nicht so schwer, aber auch erhaben, die dann den Zugang zu einem großen Raum eröffnete. Mehrere Schreibtische. Viel Papier. Wenig Computer. Es sah aus, wie in einem Film aus den sechziger Jahren des letzten Jahrhunderts.

Mein Sachbearbeiter in farblosem Hemd, passend zum farblosen Teint seiner Haut, ärmelloser Pullover in braun. Mittelscheitel, Nickelbrille und es schien sich durch den rechten Ärmel seines Hemdes ein Muskel abzuzeichnen. Vom Lochen, nahm ich an. Da schwingt jeder gerade den Windeln entwachsener, halbwegs aufrecht gehender Nachwuchs-Mensch sein Handy und kann es im Schlaf bedienen und die Jungs sind immer noch bei Fred Feuerstein und heften fröhlich vor sich hin. Bürodreikampf, als ob die Zeit stehen geblieben wäre. Nachts im Museum: falten, lochen, heften.

Die Lage bei dem Mann auf der anderen Straßenseite ist derweil unverändert. Ihm nähern sich zwei Hundebesitzer, die aufeinander zulaufen. Ein Mann und eine Frau, mit jeweils einem Hund unklarer Rasse. Die beiden Vierbeiner beschnüffeln sich und sind sofort wild entschlossen. Gerade als der Hund des Mannes die Hündin, die Szene sieht sehr Hetero aus, besteigen will, zieht der Mann einmal kräftig an der Leine und sorgt für einen Koitus interruptus der eher unangenehmen Sorte. Für einen Moment kann ich dem Mann ins Gesicht sehen. Und er sieht so aus, als bilde sich über seinem Kopf eine Gedankenblase wie im Comic. Und in der steht: Ich habe auch keinen Sex.

Der Mann auf der anderen Straßenseite zückt sein Handy, das er flugs aus irgendeiner Tasche gezogen hat und hält es sich ans Ohr. Das ging so schnell, dass ich nicht sagen könnte, ob es sich um eine Jacken- oder eine Hosentasche gehandelt hat. Derweil folgt er weiter seinem Tennismatch. Return Kerber. Slice-Rückhand Petkovic. Das Gespräch ist offenbar vorbei, er verstaut das Telefon in der Innentasche seiner Sommerjacke ohne Logo. Jetzt staut sich auf der Spur vor ihm der Verkehr. Er könnte es bis zur Mitte der Straße schaffen. Dort müsste er allerdings stehen bleiben, denn auf der anderen Fahrbahn in die Gegenrichtung rollt der Verkehr. Die Ampelanlage an der Kreuzung hat sie aus der Seitenstraße ausgespuckt. Er könnte trotzdem die Hälfte seines Weges hinter sich bringen. Aber, er will die Premium-Variante. In einem Rutsch über die Fahrbahn, bestehend aus Zwei Fahrstreifen. Moses müsste man sein. Es ist unglaublich. Mit dem kleinen Umweg über die Fußgängerampel hätte er sein Ziel schon längst erreicht.

Mein Sachbearbeiter muss jedes Mal eine Akte holen, wenn ich vor seinem Schreibtisch nach tonloser Aufforderung Platz genommen habe. Ich frage mich, wofür er einen Computer auf seinem Tisch stehen hat. Was meinen Fall betrifft: Mich gibt es hier nur als Akte. Nun, ich komme ja auch mit Bargeld. Auch nicht gerade ultramodern. So zieht das eine möglicherweise das andere nach sich. Jedes Mal lege ich ihm wortlos das Bündel Scheine hin. Wir beide verzichten auf jede unnötige Konversation. Er lädt mich nicht gerade dazu ein und ich, obwohl ansonsten durchaus redselig, habe keine Lust. Ich möchte zu diesem Menschen auch nicht mehr Nähe herstellen. Der soll das Geld zählen, mir meine Quittung ausdrucken und meine Akte bis zum nächsten Mal wieder weglegen. Nur haben wir da schon wieder den nächsten Akt. Er nimmt das Bündel Scheine, das meine Ansicht nach sortiert ist, faltet es auseinander und klopft die Scheine auf die Tischplatte, so wie Skatbrüder das Kartenspiel, bevor sie mischen. Anschließend zählt er sie. Ich habe sie bereits nach Wert geordnet. Mein Sachbearbeiter aber bringt sie zusätzlich auch noch in exakt gleiche Form. Also so, dass die Motive der Scheine ordentlich übereinanderliegen. Nachdem er das getan hat, zählt er ein zweites Mal nach. Erst dann legt er die Scheine zunächst beiseite.

Die Quittung wird nicht ausgedruckt. Er zaubert von irgendwoher einen Block hervor. Es handelt sich um einen mit lauter gleichen Vordrucken. Die einzelnen Blätter sind am Rand perforiert. Ein paar fehlen schon. Genauer gesagt: Jedes Zweite. Er bückt sich zur Seite weg zu einer der unteren Schubladen seines Rollcontainers, der natürlich eine eigene Inventarnummer hat, wie ich dem Aufkleber an der zu mir gewandten Rückseite erkennen kann. Ein weiteres Indiz dafür, dass ich, obwohl eigentlich nur eine Nummer, die zwischen Aktendeckel passt, doch etwas Besonderes bin. Denn mal im Ernst: als er sich wieder aufrichtet, hat er ein Durchschlagpapier in der Hand. Ein Original Geha-Duplex. Ich möchte nicht wissen, was das bei eBay bringt. Auf der Packung ist vorne drauf bestimmt noch eine Sekretärin mit mechanischer Schreibmaschine zu sehen. Bestimmt lächelt sie den Betrachter an und deutet auf die Blätter in der Halterung der Schreibmaschine, zwischen denen ein Geha-Duplex-Kohlepapier steckt. Problem-Lösung-Glücksgefühl in einem Bild. Der Dreiklang jeder Werbung.

Bisher dachte ich ja, ich wäre in diesem Spiel hier der Looser. Einer, der zu blöd war. Der sich hat hinreißen lassen. Der naiv und gleichgültig war und voller Selbstüberschätzung und deswegen nun erst bei Oma antanzen musste um dann hier zu Kreuze kriechen. Immer in der Sorge, dass mich einer sieht. Ich habe mir Ausreden zurecht gelegt für den Fall der Fälle. (Parkbon vergessen zu bezahlen. Ich war gerade in der Nähe) Aber dieser Mann hier hat es auch nicht leicht. Den schicken die mit einem Messer zur Schießerei und sagen wahrscheinlich noch: Stell dich nicht so an. Ist aus Solingen. Jetzt wird mir auch klar, warum Beamte manchmal so tiefenentspannt sind. Weil es ihnen schlicht scheißegal sein muss. Mein Sachbearbeiter hier hat das exakt zurechtgeschnittene Durchschlagpapier ebenso exakt zwischen zwei Seiten des Quittungsblocks platziert und beginnt damit, dass er mein Aktenzeichen aus der Akte abliest und auf die Quittung überträgt. Anschließend meinen Vor- und Nachnamen und den Betrag in Zahlen und Worten. Zum Schluss unterschreibt er auf der dafür vorgesehenen Linie. Sein Autogramm reicht genau vom Beginn bis zum Schluss derselben. Dann noch ein Stempel, den er aus der obersten Schublade holt, sachte auf das Stempelkissen drückt, um dann einen Abdruck auf meine Quittung zu setzen. Parallel zu der Linie, oberhalb derer er seine Unterschrift gesetzt hat. Das soeben beschriebene und bestempelte Original falzt er kurz an der Perforation um es anschließend abzutrennen und mir zu überreichen. In diesem Moment blickt er mich das erste Mal an. Ausdrucklos, wie das Grau seines Schreibtisches. Ist auch ja auch so. Hier ist doch alles trostlos. Seine Kunden genauso wie sein Arbeitsplatz. Einzig das Gebäude macht was her. Schöne alte Villa. Und etwas weiter hinten sitzt eine junge Beamtenanwärterin, als sei für sie das Wort Lichtblick erfunden worden.

Endlich ist es so weit. Der stadteinwertige und stadtauswärtige Verkehr hat eine so große Lücke gebildet, dass der Mann nun von der anderen Straßenseite in einem, ohne anhalten zu müssen, queren kann. Er kommt genau auf das Haus zu, indem sich meine Wohnung befindet. Doch anstatt vom Bürgersteig in die Zuwegung zu unserer Haustür einzubiegen, geht er vorbei und betritt das Grundstück des Nachbarn. Mein Blutdruck sinkt. Ohnehin muss ich mich erst noch daran gewöhnen, dass solcherlei Besuche nicht mehr mir gelten.

Früher

Früher, als man sogar nachts um drei an einer
roten Ampel stehen blieb.
Das waren noch Zeiten.
Und hinter unserem Haus gab es Kornfelder.
Heute halten sie für Hochzeitsfotos eine ganze
Autobahn auf.
Und hinter unserem Haus stehen jetzt
Doppelhäuser. Die Grundstücke fein säuberlich
durch stabilen Maschendraht getrennt. Im Garten
die Sitzecke mit Kugelgrill. Vor dem Haus der
Geländewagen.

Ich kann mir nicht mehr merken, was ich träume.
Nach dem Aufwachen diese Leere und das
Zweifache Erschrecken. Einmal darüber, dass ich
mich an keinen Traum erinnern kann. Und dann
über die Angst, gar nichts mehr zu träumen.
Träumer sind doch Gewinner. Und wenn ich nichts
mehr träume, wäre ich sogar nachts ein Verlierer.

So ein Gedanke

So ein Gedanke, Dich zu nehmen
So wie du bist
Kein schrauben und kein drehen
Ich lasse Dich geschehen
Du wirst so weit gehen
bis es ist, wie es ist.

Eine kuriose Idee
noch mal der Liebe zu verfallen
Zärtliche Krallen
Ohne draufzuzahlen.

Ich tippe immer wieder
bar jeder Antwort von dir
manchmal ist dein Akku leer
so viel ist klar: ich vermisse dich sehr

Austritt aus dem Vakuum
Lebendigkeit und Heldentum
Ein Weg, wo vorher keiner war
Jede Rechnung in bar

Hab vergessen wie das ist
ein Flug durch Zeit und Raum
es fühlt sich an wie
im Winter ein Sommernachtstraum

Ich möchte überlaufen
Bis es prickelnd sprudelt
Vielleicht gibt es Leben auf dem Mars
Und genug Champagner im Glas

Ein paar Tagträume leben
dem Irrsinn ein Leben geben
Ich bin mir sicher es lohnt sich
deinet- und meinetwegen

Spieltag

Ich laufe ein ins Stadion.
Ich spiele gegen mich.
Auf der Tribüne überall ich.
Ich bin begeistert.
Hinter mir ich als mein Fan und
gegenüber stehe ich in der Gästekurve.
Ich bin gut drauf.
Auf dem Platz und auf der Tribüne.
Ich mustere mich und versuche
mir Respekt vor mir zu verschaffen.
Auf der Tribüne schwillt meine Anfeuerung
an zu einem Orkan.
Und das mir.
Ich bin mein Fan,
ein echter Fan.
Ich trage mein Trikot und
schwenke meine Fahne.
Ich kann es kaum aushalten bis es losgeht.
Ich trage die Sehnsucht nach Erfolg in mir.
Und ahne das Gefühl der Lähmung
nach einer Niederlage.
Ich traue dem Braten nicht.
Beim Anfeuern schaue ich gar nicht zu mir
sondern in den blauen Himmel.
Das Spiel läuft.
Ich versuche schnell nach vorne zu spielen.
Doch ich verteidige gut gegen mich.
Ich kenne halt meine Laufwege.
Ich entscheide mich für den steilen Pass.
Gekonnt gespielt in den freien Raum.
Doch ich starte zu hastig.

Es ist für mich ein Leichtes mich Abseits zu stellen.
Das Spiel tröpfelt so vor sich hin.
Im Sturm bin ich zu schwach.
In der Abwehr löchrig.
Auf der Linie halte ich, was zu halten ist.
Ich versuche den Druck zu erhöhen
doch stelle mich zu ungeschickt an.
Ich habe offenbar keine Cojones
Vertrauen in mich?
Absoluter Siegeswillen?
Es ist nach wie vor nicht schwer mich zu
verteidigen.
Ich stehe mir selber im Wege.
Wie eine Wand. Kaum ein Durchkommen.
Geduld ist gefragt.
Auf der Tribüne halte ich es kaum aus
mir zuzusehen.
Da kommt plötzlich die Chance.
Ich stehe frei vor dem Tor.
Und vergebe. Ich halte den Schuss aus kurzer
Distanz
Das Spiel neigt sich dem Ende entgegen.
Ein Spiel, dass man morgen schon vergessen hat
weil morgen ein anderer hier gegen sich spielt
und nichts ist so alt wie der Spieltag von gestern.

Als der Stein ins Wasser fiel

Lebst du noch
liebst du noch
Lange nichts gehört
oder gelesen
Kein Ton
Kein Wort
Wo bist du geblieben
denkst du manchmal zurück
an damals und an den Ort
An den Tag, als der Stein ins Wasser fiel
Das Ufer hoch, der Pflanzen viel
Kreise über Kreise auf dem Wasser
Je länger man schaut
die Wellen werden blasser.
Sie verlaufen sich
bis gar nichts mehr bleibt
wo das Verlangen auseinander treibt
Es nützt nichts, wenn wir uns fürchten
Damals nicht wie heute
Wer nicht aufpasst, wird zur Beute
Verglüht im Wetterleuchten
Das wäre es gewesen
habe ich seinerzeit gedacht

Krass

Ich gehe durch den Nieselregen
Da wird man berieselt eben
Und wenn man lang genug geht
ist man tatsächlich irgendwann nass
So ist das mit Nieselregen.
scheinbar harmlos feucht
und dennoch krass.

Lebenslauf

Ich wähnte mich krankgeschrieben.
Jahrelang auf Bäderkur.
Eine kräftige Böe über den Strand
und verwischt ist meine Spur.
Je mehr ich weiß, je weniger ich versteh.
Ich dachte auch immer eins und eins sei zwei.
Nur der kleinste meiner Irrtümer,
aber auch der ist mir nicht einerlei.

Ich verlor dann die Fassung,
Glühstoff in freiem Fall.
und trachtete unter Missachtung aller Warnungen
nach dem Knall.
Der Pfad muss doch zu finden sein,
es muss ihn irgendwo hier geben.
Ich verproviantierte mich.
Genug, um eine Zeitlang aufrecht zu leben.

Als ich den Rucksack aufsetzen wollte,
bemerkte ich, da war schon einer.
Beschwert mit allerlei Zeugs.
Verschweißt mit mir, war er meiner.
Das Lachen meines Spiegelbilds
wurde mir schließlich unangenehm.
Ich kriegte das alles nicht zu fassen.
Überfahrten auf lecken Barkassen.

Durch Sediment sickert Traurigkeit.
Ich hielt sie für Glückseligkeit.
Dachte, es bräuchte keine Brille.
Ich hielt es der Einfachheit halber, für Gottes Wille.

Dann lag das alles vor mir,
wie ein flach glänzender See.
Und obwohl es mitten im Sommer war,
fror ich und es roch nach Schnee.

Ich las zur Zerstreuung Biographien
großer Denker unserer Zeit.
Faltete Flieger aus rausgerissenen Seiten.
Die flogen nicht besonders weit.
Ich wurde Rollenspieler, Traumtänzer.
Ich kam damit durch, ich Scharlatan.
Meine Mitte schimmerte golden.
Ich habe es nur für mich getan.

Der große Rahmen, das Bild von allem,
war wichtiger als ich.
Ich übersah die kleinen Risse
und verblutete innerlich.
Ich sprang hoch, wie Tropfen starken Regens.
Der Versuch vom Boden wegzukommen.
Leider vergebens.
Die Wahrheit ist die,
da kann man auch von selber draufkommen,
Ich habe es mit so vielem nie so ganz genau
genommen.
Auf einmal war Konfetti in der Luft
und ich atmete tief ein.
Das war mir noch nie aufgefallen.
Das musste was Neues sein.

Was soll noch kommen?
Auf welche Farbe setze ich den Taler?
Werde ich noch Dichter oder Denker
oder farbenblinder Maler?

Es kann so groß sein,
zu leben ohne Sicherung und ohne Plan.
Um Ecken zu biegen, voller Lust
und im Anflug von Größenwahn.

Champagner im Glas

So ein Gedanke, Dich zu nehmen
So wie du bist
Kein schrauben und kein drehen
Ich lasse Dich geschehen
Du wirst so weit gehen
bis es ist, wie es ist.
Eine kuriose Idee
noch mal der Liebe zu verfallen
Zärtliche Krallen
Ohne draufzuzahlen.
Ich tippe immer wieder
bar jeder Antwort von dir
manchmal ist dein Akku leer
soviel ist klar: ich vermisse dich sehr
Austritt aus dem Vakuum
Lebendigkeit und Heldentum
Ein Weg, wo vorher keiner war
Jede Rechnung in bar
Hab vergessen wie das ist
ein Flug durch Zeit und Raum
es fühlt sich an wie
im Winter ein Sommernachtstraum
Ich möchte überlaufen
Bis es prickelnd sprudelt
Vielleicht gibt es Leben auf dem Mars
Und genug Champagner im Glas
Ein paar Tagträume leben
dem Irrsinn ein Leben geben
Ich bin mir sicher es lohnt sich
deinet- und meinetwegen

Supermarkt

Ich schlendere durch die Reihen. Mein Einkaufswagen braucht mehr Aufmerksamkeit als üblich. Das Rad vorne rechts blockiert gelegentlich. Offenbar hat sich ein Menge Staub, Fäden von Gemüsenetzen und dergleichen mehr um die Achse gewickelt. Wenn man nicht aufpasst, dann kann es passieren, dass der Wagen ausbricht. Und wenn man in dem Augenblick an einer Konservenpyramide vorbeigeht, kann das ganz schön Folgen haben. Und das will ja keiner. Zu meiner großen Überraschung steht in diesem Discounter tatsächlich eine solche Pyramide. Vorsichtshalber mit einem Flatterband in den Farben der Dosenfirma abgetrennt, als handele es sich um einen Tatort und unter der Pyramide läge eine Leiche. Das wäre für eine Pyramide an sich noch nicht einmal unüblich. Nur im Supermarkt schon. Jedenfalls: Ich kann mich nicht erinnern, eine solche Zuspitzung von Dosen außerhalb von Werbespots oder Slapstickfilmen schon mal gesehen zu haben. Aber hier steht eine. Die Pyramide ist fast so hoch wie ich. Hätte ich einen intellektuellen Zugang zur Mathematik, würde ich jetzt schätzen, wie viele Dosen das wohl sind. Wäre ich Autist, wüsste ich es, bevor ich den Satz überhaupt gedacht hätte. Mir fällt nur auf, dass die Pyramide aus Dosen derselben Firma besteht und mit verschiedenen Inhalten. Abwechselnd Möhrchen (das steht tatsächlich so auf dem Etikett), Feinerbsen und Brech-Bohnen. Und während die Mathematik-Fans jetzt bereits eine Näherung erzielt hätten, was die absolute Zahl der

Dosen angeht, und längst weiter zum Kühlregal mit den Milchprodukten gegangen wären, um sich zwischen Scheibenkäse und Frischkäse zu entscheiden, bleibe ich hier stehen und frage mich, ob der Begriff „Feinerbsen" eine Idee der Marketingabteilung war oder ob es tatsächlich eine biologische Unterscheidung gibt. Kann man im Gartenbaumarkt Samentütchen kaufen, auf denen „Groberbsen" draufsteht? Dann würde es ja Sinn machen. Denn wenn es eine Sorte gäbe, deren Früchte filigraner auswachsen, als die „Groberbsen", wäre es ok, diese als „Feinerbsen" zu titulieren. Dann wüsste man als Verbraucher mit kleinem Garten, was man da kauft und auf welches Gewächs man sich freuen kann. Ich glaube aber nicht, dass ich deswegen jetzt einen Gartenbaumarkt aufsuchen werde, um das herauszufinden.

Wieso eigentlich „Möhrchen" und „Feinerbsen", aber dann „Brech-Bohnen". Letzteres erscheint mir, wie damals in der Sesamstraße: eines von diesen Dingen gehört nicht dazu. Bei Möhren und Erbsen legt der Hersteller großen Wert auf eine Verniedlichung um dann bei den Bohnen nachgerade rabiat zu werden. Gerade im Vergleich zu Möhren sind Bohnen doch nun wirklich nicht weniger filigran, finde ich. Nun ja. Ich lasse die Pyramide mit ihren Dosen hinter mir und biege noch vor dem Kühlregal links ab in den nächsten Gang, wo sich unter Anderem die Teigwaren befinden. Nudeln gehen immer. Und klar kenne ich die Diskussion um zu viele Kohlehydrate. Doch immerhin ist das Land, das gefühlt den ganzen Tag Nudeln ist, schon mehrfach Weltmeister geworden und die deutsche Nationalmannschaft gewinnt fast nie gegen die. So falsch kann das eigentlich nicht sein. Ich überlege mir, ob ich Spaghetti oder Linguine nehme. Oder Fusilli oder Penne. Die Italiener sind wirklich wahre Meister darin, aus Nichts etwas ganz Großes zu machen. Es ist doch immer derselbe Teig. Nur wird die Nudelmaschine ein bisschen anders eingestellt und schon kommt am Ende eine andere Form heraus. Und ich muss an Luigi denken. Den Italiener, zu dem mich meine Oma ab und an mal ausführt. Wenn sie meint, dass das Kind mal wieder anständig essen muss. Und ich denke an ihren Blick, wenn ich dann nur eine Salami-Pizza bestellen möchte und wie sie dann die Hand auf die meine legt und den Kopf leicht nach vorne neigt und mich über den Rand ihrer Brille hinweg ansieht und mich ermahnt, etwas richtiges zu bestellen. Und das bedeutet für meine Oma: Fleisch, Gemüse, Beilage. Und ich höre mich danke sagen und bestelle Saltimbocca mit Gemüse der Saison und Rosmarinkartoffeln und ich sehe meine Oma, wie sie sich zufrieden zurücklehnt ob des einsichtigen Enkels und ich spüre augenblicklich den Geschmack der kommenden Mahlzeit auf der Zunge. Luigi jedenfalls setzt sich ab und an zu uns. Er ist so etwas wie ein Prototyp eines Italieners. Wenn er uns anspricht, fühlt man sich sofort, als säße man in einem kleinen Straßenrestaurant an der Adria. Mit Meeresrauschen im Hintergrund und vorbeifahrenden, ausgesprochen lauten Mopeds mit jungen Männern am Steuer und hübschen Mädchen dahinter, die sich am Fahrer festklammern, was augenscheinlich beiden gefällt. Und er hat diesen Stolz, den Italiener haben. Stolz auf die Pizza, auf Olivenöl und Chianti. Auf die Nationalmannschaft und auf die Pasta. Luigi würde sich bestimmt jetzt aufregen, wenn ich es wagen würde laut auszusprechen, dass Nudeln alle gleich sind, nur in einer anderen Form. Er würde wild gestikulieren, seine Augen weit geöffnet, die Brust leicht bebend und mit sich überschlagender Stimme einen Vortrag anstimmen, der eine mit mathematischer Präzision vorgetragene Beweisführung enthält, dass Penne etwas ganz Anderes sind, als Spaghetti. So was denke ich, wenn ich einfach mit einem leicht störrischen Einkaufswagen um die Ecke biege in den Gang mit den Teigwaren. Und normalerweise wäre es jetzt so weitergegangen, dass ich einfach vor der Abteilung des Warenregals, in dem die Nudelsorten einsortiert sind, stehengeblieben wäre. Ich hätte mich gebückt, weil im untersten Regal die günstigsten Sorten sind, hätte mir spontan, ein paar Tüten in den Wagen gelegt und wäre weitergegangen. Vermutlich zu der Abteilung mit den Konserven, wo es die Dosentomaten gibt. Denn irgendwas muss man ja zu den Nudeln machen. Vielleicht hätte ich auch ein Glas Pesto mitgenommen, wenn es gerade im Angebot gewesen wäre. Kann man auch mal ein paar Tage essen: Einfach Nudeln mit Pesto. Fertig. Damit werden italienische Frauen über 90.

Doch dieses Mal biege ich um die Ecke, mein Blick folgt dem Wagen und genau vor dem Regal, an der Stelle, wo die Nudeln sind, sehe ich sie, wie sie Waren einräumt. Sie kniet, weil sie im Moment das unterste Fach füllt. Genau das, aus dem ich mir meine Sorten herausnehmen wollte. Ohne diesen Anblick hätte ich nicht gewusst, dass sie alle diese Tüten und Packungen berührt hat. Eine scheinbar bedeutungslose Tüte mit einfachsten Nudeln, und die Tüten sind besonders einfallslos vom Design her. Das hat normalerweise etwas Demütigendes. So kann jeder in den Einkaufswagen des anderen sehen und sich denken: Ach, für die guten Nudeln hat es wohl nicht gereicht. Wer es geschafft hat, der bückt sich ja nicht. Der greift einfach auf Augenhöhe zu und nimmt sich eine von den Packungen einer italienischen Industriellenfamilie. Doppelt so teuer und mehr. Aber mit einer Verpackung, die wenigsten etwas an Designqualitäten zu bieten hat. Doch weil ich nun weiß, das sie die Tüten dort eingeräumt hat, haben auch diese Tüten einen Glanz, der sich mit nichts Anderem vergleichen lässt.

Sie kniet und hat heute ihre mittelblonden, schulterlangen Haare pragmatisch mit einem schwarzen Haarband zusammengebunden. Ihre Gesichtshaut hat einen leichten, von der Sonne selbst angerührten, Farbton. Sie ist von einer solchen Makellosigkeit, dass ich mir gar nicht vorzustellen mag, wie es wäre, ihren ganzen Körper zu betrachten. Ein Körper von der Schönheit eines Sonnenaufgangs. Vom Schöpfer selbst an einem seiner besten Tage modelliert, als wolle er einfach mal zeigen: Schau her, was ich kann, wenn ich mir mal richtig Zeit nehme.

Sie trägt beflissen den Dienst-Kittel ihres Arbeitgebers in rot-orange. Dazu ein dünnes Sweatshirt, in einem neutralen, aber passenden Apricot, und eine Jeans. An den Füßen weiße Turnschuhe und Kurzstrümpfe, die mit dem Schuh zusammen enden und somit ein Stück Haut freigeben, zwischen dem Schuh und dem Beginn des Hosenbeins der Jeans. Derselbe Farbton, wie im Gesicht. Und um das Fußgelenk ihres rechten Fußes ein Kettchen.

Sie stopft die Nudeltüten in das unterste Regal. Ich bin mir sicher, alle anderen, die hier vorbeigehen, bemerken nichts von dem, was mir auffällt. Wie sie die Tüten einsortiert. Die zärtliche Erotik einer scheinbar unbedeutenden Alltagsbewegung. Ein Glanz, den nur ich sehen kann. Es gibt keine andere Erklärung. Weil es nicht sein kann, dass hier die schönste aller Frauen auf dem Boden kniet und Tüten und Pappschachteln voller Nudeln einsortiert und es sonst niemand bemerkt.

Ich möchte, dass sie für heute Schluss macht. Dass sie mit allem Schluss macht, was sie daran hindert, mein Werben zu bemerken und vollumfänglich zu erwidern. Für heute allerdings würde es reichen, den Kittel abzulegen und mit mir Seite an Seite durch die zu Gänge schlendern. Dabei achteten wir gemeinsam auf den störrischen Wagen, auf das es er nicht ausbräche. Und täte er es doch, griffen wir gemeinsam nach dem Handlauf des Wagens, um das Schlimmste zu verhindern. Und wir würden uns dabei berühren. Und diese belanglose Berührung wäre alles andere als das. Und wir würden lachen. Über dieselbe Szene. Die wir beide gleichermaßen für amüsant hielten. Und ich blickte in ihr Gesicht und ich wünschte, meine Augen wären ein Fotoapparat, der dieses Lächeln in ihrem Blick so oft zu speichern versucht, wie es geht. Auf das sich mein Speicher fülle. Als Vorrat für all die Stunden, in denen wir nicht zusammen sein können.

Und ich wünschte wir überlegten, was wir uns heute Abend zusammen kochen. Und welchen Wein wir dazu trinken.

Und wir gingen in unsere Wohnung. Öffneten den Wein, bereiteten aus den Zutaten ein Festmahl für uns zwei. Wir entzündeten uns eine Kerze und stellten sie mitten auf den Esstisch und wir säßen uns gegenüber beim Essen, damit ich dich sehen könnte um keine einzige, deiner scheinbar belanglosen Bewegungen zu verpassen.

„Wollen sie hier ran?"

Ich blicke in ihr Gesicht. Sie lächelt mich an. Und ich verharre kurz und erwidere ihren Blick einen Moment länger, als es wohl üblich ist. Und wünschte mir, dieser Augenkontakt übertrüge alles, was ich ihr sagen möchte, was ich fühle. All mein Begehren, meine Hochachtung, meine Verehrung, meine Lust.

„Lassen Sie sich Zeit" höre ich mich sagen und frage mich, ob es nicht jetzt der richtige Zeitpunkt wäre, sie zum Essen einzuladen, wo wir schon mal gemeinsam vor dem Nudelregal stehen.

„Oh nein, bitte. Welche Nudeln sollen es denn sein" fragt sie zurück. Sie steht vor mir und hat mit einem kleinen Schwung, ihre zusammengebundenen Haare zurechtgelegt. Sie hat graugrüne Augen.

„Welche würden sie nehmen" frage ich zurück und bin etwas stolz darauf, sie in ein kleines Gespräch zu verwickeln. Sie blickt auf die Sorten und greift beherzt in das mittlere Regal nach einer Packung Linguine.

„Diese hier" sagt sie und hält mir die Packung hin.

„Zweifelsohne eine ausgezeichnete Wahl. Gut, dass sie hier sind. Ich hätte bestimmt wahllos in das unterste Fach gegriffen."

„Die schmecken einfach super. Vertrauen sie mir" lächelt sie mich an.

Natürlich vertraue ich dir, denke ich. Ich möchte dir auch so manches anvertrauen.

„Was würden sie dazu machen" versuche ich das Gespräch zu verlängern.

Sie dreht sich um, geht zwei Schritte zur Seite, in meine Richtung wobei sie ihre Beine überkreuzt wie bei einem Tanzschritt, während sie mit den Augen das Regal absucht. Sie steht mir jetzt sehr nahe und ich nehme ihren Duft war, der so betörend ist, das ich kurz die Augen schließe, während ich durch die Nase tief einatme verbunden mit dem Bemühen, es mir nicht anmerken zu lassen.

„Wenn es schnell gehen soll, nehmen sie diese Soße dazu" sagt sie zu mir und hält mir ein Glas mit einem roten Inhalt entgegen. „Eine fruchtige Tomatensoße. Die nehme ich auch immer mal wieder. Schmeckt super."

Sie isst also gerne Linguine mit Tomatensoße aus dem Glas. Aber nur, wenn es schnell gehen muss.

„Danke" sage ich.

„Da nicht für" höre ich sie sagen. Sie schenkt mir noch einmal ihr Lächeln, während sie sich wieder abwendet, in die Knie geht und ihre Arbeit fortsetzt.

„Ich werde ihnen berichten" sage ich noch und schiebe meinen Wagen an ihr vorbei, den Handlauf fest umklammernd, damit nicht ausgerechnet eine Blockade des Rades dazu führt, ihr in die Hacken zu fahren. Ich fahre zur Kasse und hoffe, dass ich genug Kleingeld in der Tasche habe, um die teureren Nudeln und die nicht eingeplante Tomatensoße im Glas, die besonders fruchtig schmecken soll, bezahlen zu können. Um nichts in der Welt möchte ich diese beiden Waren im Supermarkt zurücklassen.

Orchestrierung des Moments

Du bist abgebogen und badest in Wonne.
Der Lohn für deinen Mut.
Für den Gang durch unwegsames Gelände.
Du hast die ausgetretenen Pfade hinter Dir gelassen.
Die Haut schmerzt.
Lust auf Erlösung.
Haut.
Geruch.
Hände.
Küsse.
Du bettelst um den Rausch.
Die Anspannung im Angesicht des drohenden
Verlustes.
Du bist hier, weil Du mich sehen willst.
Ich soll dein liebevolles Opfer sein.
Die Jagd ist aus, das Horn verstummt.
Du willst verspeist werden.
Denn genauso nah willst Du mir sein.
Ich bin das Spiegelbild Deiner Wollust.
Du möchtest das Aroma meiner Lust schmecken.
Du bist des Adams Eva.
Alleine für mich.
Ich möchte kommen.
Zu Dir.
Bei Dir.
In Dir.
Die Orchestrierung des Moments.
Eine Heiligsprechung des Augenblicks.
Es wird keinen Regen geben.
Eine Form von Intensität.
Versuche es mit Einatmen.

Wechsele nie mehr die Bettwäsche.
Wenn Du bei mir warst
lüfte ich nicht,
bevor ich die Bettwäsche vorsichtig abgezogen
und luftdicht verpackt habe.

Keine Bewegung

Eine leichte Übung.
Doch wieder zu viel Oregano.
Ich war ja am Morgen schon so weit
nur ist niemals am Rand die Mitte.
Und ich frage mich auch immer
wo ich denn gestern zwischen
18 und 20 Uhr war.
Bevor mich jemand anderes fragt.
Keine Sorge, ich bin nicht von der Sitte.
Schon wieder Glück gehabt.
Und überhaupt:
Wenn man zu weit raus geht
kann man von der Flut überrascht werden.
Dann muss man schnell laufen.
Gar nicht so leicht auf dem Geläuf.
Da möchte man einen Hinweis geben:
Schuld abladen verboten.
Man kann ja so manches delegieren
Schuld nicht.
Merkt euch das mal.
Ihr seid nicht zu beneiden
bei den Abschürfungen
an eurem Frontal-Cortex.
Da hilft dann auch keine App mehr.
Egal, welches Handy man hat.
Fehler im Betriebssystem.
Einfach mal neu starten.
Kannten sie das Opfer?
Welches?
Gute Frage.
Man weiß ja nicht,

wo man anfangen soll zu zählen.
Bei den Guten.
Bei den Anderen.
Bei den Schafen.
Bei den Satten
Oder den Hungernden.
Die nerven ja immer.
Vielleicht sollte man doch nicht laufen
wenn die Flut kommt.
Nicht weichen.
Bleiben.
Breite Brust.
Gegen den Frust.
Paroli bieten.
Dann erinnere ich mich auch
wo ich gestern zwischen
18 und 20 Uhr war.
Alles weitere nach der Obduktion.
Keine Bewegung.
Sie sind festgenommen
Keine Werbung mehr

Überfluss

Zu dick.
Zu dick.
Zu dick.
Überall Überfluss.
Es quillt.
Aus Hosen.
Aus Röcken.
Sogar aus den Sandalen.
Rundungen verrutscht.
Alle krank?
Können sie nicht aufhören?
Zu Fressen.
Zu Saufen.
Sich egal zu sein.
Sie haben sich mal hübsch gemacht.
Schminke und Hanteln.
Haben auf sich geachtet.
Waren der Stolz ihrer Partner.
Und stolz auf sich.
Haben jedes Blinzeln genossen.
Sie schaukeln dem Tod entgegen.
Kein Werben mehr.
Lebenslicht gedimmt.
Sitzen.
Kopf gesenkt.
Mundwinkel auch.
Schauen.
Nicht sich an.
Sondern aneinander vorbei.
Wortschatz von Dreijährigen.
Die Kraft, die einen aus der

Erdumlaufbahn katapultiert
haben sie eingetauscht.
Gegen Gewöhnung.
Und Gleichgültigkeit.
Was für ein Plan.
Sie sehen aus,
als wateten sie durch meterhohen Schlick.
Leben in Zeitlupe.
Ambitionslos
Langweilig
Schmalspurig
Aufgegeben.
Mann mit Treckingsandalen
umarmt Frau mit Treckingsandalen.

Im Augenblick

Du liegst da.
Ganz im Hier und Jetzt.
Ich will Dich jetzt reduzieren.
Auf das Wesentliche.
Auf bebendes Fleisch.
Auf brodelnde Lust.
Denn der Moment ist gekommen,
in dem Denken nicht mehr weiterhilft.
Es sind die dunklen Seiten unseres Daseins,
die uns an diesen Ort gebracht haben.
Die Vorhänge sind geschlossen.
Semipermeabel.
Das Licht kommt rein.
Die Welt bleibt draußen.
Das Bett ein Hochaltar.
Und wir das Opfer.
Eine Andacht von Zweisamkeit, die nur vollendet
werden kann,
von Menschen, die der hinwegfegenden
Oberflächlichkeit wiedersagen.
Diese Stunde ist nicht belanglos. Diese Stunde ist
mehr als nur das monotone Umrunden von Zeigern
auf einem Zifferblatt.
Es sind Augenblicke der Verschwendung.
Die Tore zu öffnen und zu fluten.
Ich will Dich wahrnehmen.
Dich erspüren.
Das ist das Ende eines langen Weges.
Einen Schritt über diese Schwelle
und die Erinnerung wird eingebrannt werden
in unserem Inneren

und wärmen wie ein ewiges Licht.
Es wird ein Kunstwerk werden.
Glänzend von zerbrechlicher Schönheit.
Wie ein Stein, der ins Wasser fällt.
Die Wellen werden sich zerlaufen.
Doch der Stein strebt zu seinem Platz
und bleibt dort ewig liegen.
Wie eine nie verblassende Erinnerung.
Der Moment, in dem alle Angst zu Staub verfällt,
als hätte es sie nie gegeben.
Der Quell der Lebendigkeit,
der sprudelt, als wolle er niemals versiegen.
Ein Lustwandeln zum Trotz.
Das ist die Erfüllung.
Der Sehnsucht Ziel.
Eine Energiequelle.
Es fühlt sich an, als sei es das letzte Mal.
Der Apfelbaum.
Hier gepflanzt.
In das Chaos, das Tohuwabohu.
Als stände der Aufprall kurz bevor.
Glänzend wie eine Monstranz.
Wertvoll wie Goldstaub.
Die Entfesselung ist im Gange.
Die offene See nicht mehr weit.
Hoffnungswörter werden gehaltvoll.
Und was geschieht, geht über die Hoffnung hinaus.
Wann ist mehr Leben als in diesem Augenblick?
Muss man sich sonst betäuben, um zu überleben,
ist dieser Moment das Leben selbst.

Schon geklärt

ist schon geklärt
wohin das führt
wenn es so weitergeht
hat da jemand bestellt
und die rechnung geprellt
wohin des wegs
tatsächlich leere taschen
kommst du mit
pass auf, bist du nicht fit
wird es eng
der gang der dinge
ist nunmal nicht aufzuhalten
das ist alles nicht ohne
sie kaufen grundstücke an hängen
das essen bringt die drohne
da muss man mit
wer stehn bleibt ist weg
von der payroll und dem fenster
flieg, baby, flieg
weil du es kannst
wozu denken
wozu fühlen
salz in der suppe
oder es ist schnuppe
wohin die reise geht
rette dich und
schau, das du land gewinnst
blut an der luft gerinnt
sie dürfen nicht davonkommen
es geht um viel vielleicht um alles

Klappt nicht

Er warf die Decke vollends zurück, schwang sich aus dem Bett, riss die Schlafzimmertür auf, überquerte den Flur, wobei er gegen eine leere Flasche trat, die daraufhin über den Dielenboden schepperte. Sie kam auf der anderen Seite an der Fußleiste mit einem dumpfen Knall zu liegen, ohne zu zersplittern. Es liegt genug in Scherben. Solche einer Wodkaflasche braucht es nicht auch noch. Sein Zeh schmerzte nun doppelt und er humpelte ins Bad. Das durfte alles nicht wahr sein. Was könnte jetzt helfen? Er schaute in den Badezimmerschrank, der für die Inhalte absolut überdimensioniert war. Bis vor Kurzem war das noch anders. Da war er eher zu klein. Aftershave? Rasierschaum? Duschgel? Er fand eine Tube Sonnenöl. Das könnte klappen. Er nahm sie aus dem Schrank und humpelte zurück. Die Bodenfliesen im Bad waren übersäht von blutigen Flecken und Fußabdrücken. Dazu kommen wir später, sagte er zu sich. Sein kleiner Meinhard schwang beim Gehen halbhoch mit, als ob er sagen wollte: Ich weiß es doch auch nicht. Das war ihm noch nie passiert. Ausgerechnet jetzt. Wo er sich in zwei Tagen mit Mechthild treffen wollte. Es sollte so eine Art Generalprobe sein. Er lag wieder auf dem Rücken und betrachtete seinen Schwanz, der unentschlossen aussah. Du Versager, sagte er im Stillen zu seinem Geschlecht. Lass mich nicht im Stich. Nicht du! Er hielt die Tube nach Öffnen des Verschlusses etwa 30 Zentimeter über sein Teil und ließ das Öl heruntertropfen, so wie der Barista seines

Lieblingsitalieners die Flasche mit dem Karamel-Shot über einem Glas mit dampfenden Latte macchiato.

Er rieb seinen Schwanz ein und machte sich daran, die Masturbation fortzusetzen. Es fühlte sich besser an, als ohne Öl. Immerhin.

Verpatzte Generalprobe. Ausgerechnet jetzt musste er an seine Mutter denken. *Je schlimmer die Generalprobe, desto besser das Konzert*, war eine ihrer Chorsänger-Weisheiten, die sie ihm mit auf den Weg gegeben hatte. Und die Hoffnung darauf freute ihn tatsächlich ein bisschen. Dennoch war da auch so eine Irritation, dass er ausgerechnet jetzt, wo sein Schwanz eine vollständige Erektion ausbilden und ihm Lust bereiten sollte, an seine Mutter denken musste. Mutter war ihm alles: Wikipedia auf zwei Beinen, hausärztlicher Notdienst, Taxiunternehmen, Sparkasse, Kulturbeauftragte. Und Vater im Zweitberuf, wenn der wieder unterwegs war. Aber mehr nicht. Erektion und Mutter: Das passte nicht. Er spürte, dass er sich von dem Gedanken ablenken ließ. Heute Morgen brauchte es mehr, als die reine mechanische Verrichtung. Er musste versuchen auch gedanklich bei der Sache zu sein. So, wie er es sich übermorgen mit Mechthild erhoffte. Wenn es dazu kommt, wollte er ganz und gar bei der Sache sein.

Noch immer war sein Schwanz nicht so hart, wie er das gewohnt war. Er wollte aber nicht aufgeben. Immerhin fühlte es sich gut an. Es war schwer genug, in seinem Alter zu übersehen, wie Körperfunktionen nachließen. Wie es zwickte und zwackte, wie viel Mühe es inzwischen kostete, den Corpus halbwegs in Schuss zu halten. Dazu die ersten Falten. Dann musste wenigstens der Schwanz noch einwandfrei funktionieren. Was würde sonst bleiben? Besonders in diesen Tagen, wo sich mit Mechthild ein vielversprechender Kontakt aufgetan hatte.

Immerhin Mechthild. So weit war es mit ihm gekommen, dass er sich mit Frauen traf, die Mechthild hießen. Oder Annette. Oder Petra.

Petra. Bei Tinder nimmt man sich das erstbeste, was man kriegen kann. In seiner Situation. Sollte er sich eine Jüngere suchen? So einen auf Sugar-Daddy machen? Das ging nicht. Also Petra. Eine Frau, die genauso war, wie man sich Petras vorstellt. Gut gelaunt, bodenständig, genießerisch, leichtes Übergewicht. Mit ihr wollte man am Freitagnachmittag, zum Auftakt eines schwerelosen Wochenendes, in einem Straßencafé sitzen und ein großes Stück Sahnetorte essen. Dazu normalen Filterkaffee trinken. Ohne Gedöns. Vielleicht einen kleinen Prosecco. Und sich dann mit Petra darüber unterhalten, dass alles immer schlimmer würde, man aber den Mut nicht verlieren dürfe. Und das nach Regen immer Sonnenschein kommt. Und was man im Garten tun muss, um endlich der Girsch-Plage Herr zu werden. Das war nett und unverbindlich. Für weitergehende Fantasien reichte es nicht im Geringsten.

Saskia war weg. Und nicht nur das. Nun war sie auch noch schwanger. Von ihrem Gynäkologen. Wenn er den Beruf von Saskias Neuem gegenüber Dritten erwähnte, wurde gegrinst ob des Klischees, die bedient wurden. Dieser braungebrannte, hochgewachsene Typ. Mit Sportwagen und einem Gebiss wie Jürgen Klopp. Der immer T-Shirts trug, die einen Tick zu eng waren. So dass sich die Brustmuskeln deutlich abzeichneten und die Oberarmmuskeln etwas abgebunden aussahen und geradezu aus dem Ärmel herausquillten. So wie bei Oma Gertrude sich unter ihren Blusen immer abzeichnete, dass ihre voluminöse Brust aus dem BH rausquellte. Er hatte sich oft gefragt, ob sie einfach zu doof war, sich passende BHs zu kaufen. Oder ob sie das mit Absicht tat. Als Ausgeburt ihrer Erotik. Doch, um ehrlich zu sein, wusste er nicht, wie Omas, die Gertrude heißen, Erotik verstanden.

Nun war Saskia also schwanger. Jahrelang hatte er sich aufgemacht, in einem kleinen Zimmer mit Videogerät und Herrenmagazinen einen Erguss zu zaubern. Zielgerichtet in das kleine Döschen, an dessen Außenwand eine Aussparung war, in der die Sprechstundenhilfe einen Zettel eingebracht hatte, auf dem sein stand (Schumann. Komma. Meinhard F.) und ein Strichcode. Darunter der Hinweis, welche Krankenkasse ihn als Mitglied aufzählte. Zu gerne hätte er gewusst, was tatsächlich hinter dem Strichcode verborgen war. Bestimmt wurden diese ganzen Codes in einer riesigen, geheimen Datenbank zusammengeführt, zu der nur Heirats-, bzw. Fortpflanzungswillige Frauen Zugang hatten, damit sie sich vor dem ersten Date gleich erkundigen konnten, ob der Typ es grundsätzlich bringen würde, sollte es dazu kommen.

Immer wieder hatte er das Gefühl, dass es für Saskia eine Erleichterung darstellte, als nach unzähligen Untersuchungen feststand, dass es an ihm lag. Er erinnerte sich genau an ihren Augenaufschlag, als der Reproduktionsmediziner in durchaus angemessener Atmosphäre, mit sehr diplomatischem und ruhigem Ton, das Ergebnis verkündete. Ein Augenaufschlag, der besagte, dass nun für sie feststand, dass sie alle Möglichkeiten für ihr Leben in der Hand hielt. So ganz für sich genommen. Da war im ersten Moment kein Mitleid. Kein empathisches Einfühlen, das hier gerade ihr Ehemann gesagt bekommt, das ihm ein ausgesprochen existenzielles Stück zur geschlechtsspezifischen Identifikation fehlt. Oder abhandengekommen war. Oder nur mit viel Aufwand zu bekommen war. Auf alle Fälle: Nicht selbstverständlich verfügbar. Sie hatte für sich die Trümpfe in der Hand. Sie brauchte im Zweifel, sollte es mit ihm nicht klappen, einfach einen anderen Mann. Er war nun der Gelackmeierte.

Seine Jungs waren wenig und die, die er hatte, waren faul. So in etwa hatte er sich das zusammengefasst. Saskia musste sich ständig spritzen lassen, zur Unterstützung. Sie hatte es auch nicht leicht. Doch es wollte nicht klappen. Bis sie es sein ließen. Es gab Momente, das spürte er eine trotzige Erleichterung. Und irgendwann hatte der Repro-Doc auch mal so etwas angedeutet. Das es auch ein bisschen an ihr lag. Damals schämte er sich für dieses miese Gefühl. Obwohl er doch ein wenig Genugtuung darüber empfand. Denn immerhin war es Saskia, die dieses Thema, warum sie keine Kinder hatten, schon mal ansprach und die Ursachen ausplauderte, wenn Dritte zugegen waren. Unter anderem mal Hannah gegenüber. Ihrer besten Freundin, dreifache Mutter und mit dem neunmalklugen Ingo verheiratet. Er mochte sie beide nicht. Das wusste Saskia. Und genau deswegen hatte er ihre Entschuldigung nicht so ohne Weiteres annehmen können. Sie hatte ihn tief verletzt.. Das war seine Ferse. Die Meinhard-Ferse, die niemanden etwas anging. Schon gar nicht Hannah und Ingo. Sie war aus der Wagenburg ausgebrochen. Ohne Not. Wenn er sich heute fragte, wann eine Wegmarke auf der Straße Richtung Niedergang gesetzt werden musste: an dem Tag bestimmt eine. Eine Große.

Er schaute auf seinen Schwanz und musste feststellen, dass er wieder weicher war. Er konnte die Erektion nicht halten. Er schloss die Augen und zog sich die Decke bis unters Kinn und dachte an das Verrichtungszimmer in der Praxis. Dort hatte er auch immer seine Probleme. Doch irgendwann hat es dann doch noch geklappt. Vielleicht der Alkohol? Das Schlafdefizit? Überhaupt seine ganze Stimmung, seit der Nachricht vom Vorgestern? Jetzt war es nicht mehr das geteilte Leid. Jetzt war es seins. Alleine. Von Saskia würde er nichts mehr zu erwarten haben. Die war weg. Schwanger. Und bald Frau Doktor. Es war ja nicht so, dass er unbedingt Kinder haben wollte. So, wenn er mal an früher dachte. Er war nicht auf der Welt um sich auf Teufel komm heraus fortzupflanzen. Doch dann kam eben Saskia. Und dann wollte er welche. Mit ihr. Und dann bekam er das Urteil: Wird nichts. Nicht in der Konstellation. Saskia und Meinhard werden keine Eltern. Sie haben irgendwann den ganzen Hormon-Scheiß in die Ecke geschmissen und fortan ungeschützten Sex gehabt. Selbst das hat nicht funktioniert. Hat man schon öfter gelesen, dass Paare, die die ganze Tortur hinter sich haben, damit abschließen und nicht mehr verhüten, weil sie ja denken, es klappt eh nicht, dann, zack, schwanger werden. Aber Saskia nicht. Da muss erst der Frauenarzt helfen. Dann klappt es auch mit dem Nachwuchs.

Sein Schwanz war wieder weich. Zuviel an Saskia denken war der Lustkiller. Dabei war das Mal ganz anders. Es gab Zeiten, da hatte er das Gefühl, ein willenloser Sklave seines Verlangens zu sein, wenn er nur an Saskia dachte. Geschweige denn, wenn sie bei ihm war. Mit ihr hatte er die dollsten Sachen erlebt und gemacht. Angeführt von einem Quickie in der Umkleidekabine des Freibads, in dessen Folge sie die kopfschüttelnden Blicke einer Seniorin, die zeitgleich aus der Nachbarkabine kam, nachgerade genossen. Sie schleppten sich mit großer Mühe nach Hause, nur um noch im Flur wieder übereinander herzufallen.

Er versuchte sich wieder auf das Hier und jetzt zu konzentrieren. Irgendetwas brannte an seinem Geschlecht. Er spürte einen leichten Schweißfilm auf der Stirn, schaute auf die Flasche und suchte den Aufdruck mit dem Ablaufdatum. Das wär es noch: Frisch verlassener Mann verwichst sich und macht Geschlecht mit abgelaufenem Sonnenöl bis auf Weiteres unbrauchbar. Bis vor drei Jahren hätte es aufgebraucht sein sollen. Das ist bestimmt der Grund, warum Saskia das nicht mitgenommen hatte. Sie war gründlich.

Einfach so schwanger. Dieses Miststück.

Er musste wieder an seine Mutter denken. Als er diese Vokabel gestern im Telefonat verwandte, war förmlich durch die Leitung zu spüren, wie sie auf dem Telefonstuhl zusammenzuckte. Ja, seine Eltern hatten auf dem Flur noch einen Telefon-Tisch nebst gepolstertem Stuhl. Und obwohl auch sie längst ein schnurloses Telefon angeschafft hatten, saß vor allem Mutter beim Telefonieren immer noch auf dem Stuhl. Wie damals. Als die Telefone noch grau waren, mit Wählscheibe, von der Post kamen und das Kabel nur zwei Meter lang war. Und er sah sie am Abendbrottisch sitzen und zu seinem Vater sagen, dass die Wortwahl des Sohnes in letzter Zeit zu wünschen übrig ließe. Es mache sich eine gewisse Verrohung bemerkbar. Sie haben es ja schon immer gewusst, dass das mit Saskia nicht gut gehen würde. Aber natürlich hätten sie damals nichts gesagt, es sei ja schließlich seine Entscheidung gewesen, die hätten sie nicht zu kommentieren, sondern ihrem Sohn einfach nur alles Gute zu wünschen. Und er? Hatte er es gewusst? Nein, er war verliebt, vergötterte sie und meinte es ernst. Bis zum Tod und so. Das wusste auch seine Mutter.

Er hatte ein gutes Verhältnis zu seiner Mutter. So gut, dass es hin und wieder zu Spannungen zwischen ihm und Saskia gekommen war. Die hatte kein besonders herzliches Verhältnis zu ihren Eltern und fand das ganz normal, wenn sie von denen mal ein halbes Jahr nichts hörte. Geburtstagsgruß, Weihnachtskarte und ab und an ein Kaffeebesuch. Das musste reichen. Er wiederum telefonierte mit seiner Mutter mindestens wöchentlich. Zuletzt nur noch dann, wenn Saskia nicht da war. Wenn aber zum Geburtstag das jährliche Päckchen kam, mit selbstgemachten Leckereien, fand Saskia das schon zu aufdringlich. Er kannte diese Geste. Wenn sie dann mit verschränkten Armen auf dem Sofa saß und bewusst in den Fernseher schaute, in dem allerdings etwas völlig Belangloses lief. Die abwehrende, kalte Schulter galt ihm. Sie konnte von einem Augenblick auf den anderen ihrem Blick eine Form von Verachtung, Teilnahmslosigkeit und Trotz geben, dass es sich in ihrer Gegenwart anfühlte, als würde sich das in Grönland abgetaute Packeis genau hier wieder auftürmen. Er sollte spüren, dass es nicht richtig war, für einen Mann jenseits der 40 ein Paket der Mutter anzunehmen, in dem sie deren Zuneigung in Form von Keksen, Kuchen und Ähnlichem dokumentierte. Demonstrativ aß Saskia nicht einen Keks und probierte auch nichts anderes. Sie ignorierte die netten Grüße, die auf der beigelegten Karte vermerkt waren. Selbst als in einem Jahr eine Flasche Wein ihrer Lieblingsmarke aus dem Päckchen lugte, lehnte sie entrüstet ab, als handelte sich um abgelaufenen Lebertran.

Es wollte einfach nicht klappen. Sein Schwanz kam einfach nicht zu voller Größe und die erhoffte Eruption, verbunden mit dieser kindlichen Freude eines Mannes, dass wenigstens das gelingt, blieb aus. Nicht nur, dass Saskia von diesem Idioten geschwängert worden war. Nun hatte sie es auch noch geschafft, so eine Wirkung auf ihn zu entfalten, dass er noch nicht einmal mehr mit den eigenen Händen einen Samenerguss zaubern konnte. Er beschloss, eine Pause zu machen. Alle sollten sich beruhigen. Seine Gedanken, seine Hände und sein Geschlecht.

Er erhob sich vom Bett, ging zum Fenster und schaute hinaus in das Novembergrau. Seine Augen suchten nach irgendwas, was Aufmunterung versprechen könnte. Stattdessen tiefhängende Wolken in allerlei Grauschattierungen, Nieselregen und laublose Bäume. Auch der Rasen im Garten sah grau aus. Er sah auf die Uhr. Kurz vor elf. Saskia macht sich jetzt bestimmt einen Ingwertee.

Er zog sich einen Jogger über und begab sich zur Küche. Nicht ohne im Flur die Wodkaflasche aufzuheben und zum Altglas, das er unter der Spüle lagerte, mitzunehmen. Der Schmerz hatte etwas nachgelassen. Oder besser gesagt, der neue Schmerz war abgeklungen und übrig blieb nur der, den er ohnehin schon hatte. Am Vorabend hatte er sich die Fußnägel geschnitten. Mit reichlich Wodka intus und zu faul, in der Wohnung zu suchen, wo denn seine Brille abgeblieben war. „Mit ihren Augen ist alles in Ordnung. Sie werden einfach alt" hatte der Doktor gesagt. Schönen Dank auch, hatte er geantwortet. Seitdem also Brille. Er ließ sie überall liegen und verbrachte einen messbaren Teil des täglichen Zeitkontingents damit, seine Brille zu suchen. Dazu hatte er gestern keine Lust. Ihm war eh so manches egal. Er saß auf dem Badewannenrand, schloss kurz die Augen, um klar zu werden, und fing an die Nägel zu schneiden. Im Blindflug. Und am mittleren Zeh des rechten Fußes war es dann passiert, dass er sich gehörig ins Nagelbett geschnitten hatte. Er hatte gegähnt und für einen Moment waren seine Pupillen geflutet. Er sah noch weniger als ohnehin schon, verlor etwas die Balance und rutschte mit der Schere ab. Umgehend war der Nagel blutunterlaufen und er musste erst einmal schauen, ob er noch ein Pflaster hatte. Der Schmerz war kurz, aber atemraubend. Bei jedem Schritt hinterließ er einen blutigen Fußabdruck und der Boden sah später aus, als hätte ein mittelschweres Massaker stattgefunden. Er konnte kaum auftreten. Schließlich fand er ein Pflaster in seinem Kulturbeutel und versorgte die Wunde. Der Schlusspunkt eines völlig entgleisten Abends. Er war einigermaßen überrascht, dass er am nächsten Morgen in seinem Schlafzimmer aufwachte und nicht irgendwo sonst in der Wohnung.

Jetzt erst einmal Kaffee. Vielleicht war es auch einfach der Wodka, weswegen der kleine Meinhard einem Teil seiner Bestimmung nicht nachkommen konnte.

Er stellte die leere Flasche zum Altglas und musste feststellen, dass es Zeit war, wieder zum Container zu gehen. Und anschließend zum Discounter.

Er hatte ihn getrunken, wie reine Limonade. Bevor er es sich versah, war die Flasche nahezu leer und der Alkohol entfaltete seine Wirkung. Mit jedem Glas drehte er die Musik ein wenig lauter und feierte eine Party mit sich selber. Das Schöne war, dass sich für einen Moment das Trostlose aus der Wohnung verabschiedete. Es war, als wären wieder Bilder an den Wänden. Und die beiden Läufer im Wohnzimmer, die er zwar einigermaßen hässlich fand und die nur Saskia zu liebe dort gelegen hatten, an die er sich aber gleichwohl dann doch gewöhnt hatte, lagen wieder da. Er hatte sogar das Gefühl, sie unter seinen Sohlen zu spüren, wenn er in die Küche ging um neuen Orangensaft oder Eiswürfel zu holen. Fool for your lovin no more schallte es aus den Lautsprechern. Der alte Whitesnake
-Klassiker. Er pfiff mit und versuchte sich an den Text zu erinnern.

I was born under a bad sign
Left out in the cold
I´m a lonely man who knows
Just what it means to loose control

Als er so auf dem Sofa saß, mitsingend und wippend, schaute er auf die gegenüberliegende Wand. Dort hatten bis vor Kurzem zwei Bilder gehangen. Das eine war, soweit er sich erinnerte ein Monet-Druck. Das andere hatte er vergessen. Jetzt konnte er die Umrandungen erkennen, die sich auf der Tapete gebildet hatten. Sie sahen aus, wie zwei eckige

Augen, die ihn anstarrten. Nr.5 lebt. Wenn auch eingemauert.

Fool for your lovin' no more

Er stand auf, blieb einen Moment stehen, bis er sich sicher war, nicht aus dem Gleichgewicht zu kommen, und setzte sich humpelnd in Bewegung. Griff seinen Schlüssel vom Schlüsselbrett, das wie durch ein Wunder verblieben war. Wahrscheinlich weil es hässlich aussah. Er öffnete die Tür, ließ sie weit offen stehen, so dass die Musik ins Treppenhaus flutete und begab sich in den Keller. Nach einigem Suchen fand er einen Pinsel und den Rest Farbe, mit dem er vor gar nicht langer Zeit, die Holzbohlen im Arbeitszimmer neu lackiert hatte. Beim Rausgehen stieß er sich den Fuß an dem Kühlschrank, der etwas im Weg stand und fluchte vor sich hin. Er schloss den Kellerraum wieder ab, stapfte nach oben, wo er Frau Hansen in die Arme lief. „Herr Schumann, die Musik muss jetzt aber mal leiser gedreht werden." Er blieb stehen, wankte ein ganz bisschen, sah ihr in die Augen. Und schwieg eine Weile.

„Sie sind ja ganz betrunken. Herr Gott noch mal."

„Geht so, Frau Hansen. Ich bin mir sicher, da geht noch was. Aber nichts für ungut. Ich mach die Musik etwas leiser. Schönen Abend noch."

Damit ließ er sie stehen, ging in seine Wohnung zurück und gab der Tür einen kleinen Schubs. Deren Bewegung wollte er eigentlich abfangen, doch er griff daneben, so dass die Tür mit lautem Scheppern ins Schloss fiel.

„Schulligung" brüllte er einigermaßen laut und humpelte ins Wohnzimmer. Es war immer nur Frau Hansen, die was sagte. Die von oben sagten nie was.

Aber eigentlich gab es auch nichts zu sagen. Saskia und er waren so still und umgänglich gewesen. Wie spät war es denn eigentlich? Scheiß egal. Das Blut pochte im Nagelbett. Und unter seiner Brust und hinter seiner Stirn und überhaupt überall, wo es hinkam. Betrunken? Wieso betrunken? Die hatte sie doch nicht alle, die alte Hansen. Soll sich mal um ihren Kram kümmern. Er stellte die Dose auf das Sideboard, schloss die Augen und winkelte ein Bein an und balancierte sich auf dem anderen aus. Schau mal, Frau Hansen, ich stehe wie eine Eins. Nichts da mit betrunken und so. Sein Stand wurde wackeliger und er machte gerade noch im rechten Moment die Augen auf, um den Sturz nach vorne halbwegs abfangen zu können. Er musste laut lachen. Betrunken. Ja, euer Ehren. Ich - bin – voll. Wie eine Flasche leer. Nee. Vo-oll.

Aus dem Wohnzimmer drangen die Gitarrenriffs zum Start von „Highway to hell" zu ihm rüber. Er wollte den Schlüssel wieder aufhängen, verfehlte aber den Haken, so das das Bund scheppernd zu Boden fiel.

Livin' easy – Lovin free

Er brüllte die Zeilen aus Leibeskräften mit und drehte die Anlage noch ein Stück weiter auf. Endlich mal wieder AC/DC hören.

Season ticket on a one way ride
Askin' nothin'
Leave me be
Takin everythin' in my stride
Don't need reason

Don`t need rhyme
Ain`t nothin that I'd rather do
Goin down
Party time
My friends are gonna be there too

Er hatte die Lackdose geöffnet, den Pinsel eingetaucht, stellte sich auf das Sofa, das vor der Wand stand, an dem die beiden Bilder bis vor kurzem hingen. Er brauchte einen Moment, um sich im Gleichgewicht zu halten. Dann umrandete er die beiden Vierecke, setzte dazwischen einen Punkt und zog vom linken Rand des linken Vierecks zum rechten Rand des rechten Vierecks ein langgezogenes Halb Oval. Dann stieg er herab vom Sofa, stellte die Lack Dose auf den Couchtisch ab und trat ein wenig zurück. Zu seinem größten Stolz hatte er nicht getropft. Das Sofa war unversehrt. Geht doch. Wenn es drauf ankommt. Hihi.
Es geht auch ohne Frauen. Der Aufwand steht in keinem Verhältnis zum Spaß, den man mit ihnen hat. Ich habe ihr jahrelang den Rücken freigehalten und nun bläst sie dem Doc einen nach dem Anderen. Außer einmal. Glückwunsch, Meinhard. Glückwunsch.

Er setzte sich auf das andere Sofa gegenüber und prostete dem Smilie mit den eckigen Augen zu. Prost Nr.5, mein Freund. Ich bin der Meinhard. Sein Handy lag auf dem Couchtisch. Er nahm es, wählte Saskias Nummer. Sie ging nicht ran. Die Mailbox sprang an und er hielt das Handy hoch in die Luft.

I'm on the highway to hell

On the highway to hell
Highway to hell
I'm on the highway to hell!

Er legte wieder auf und brüllte so laut mit, dass er das Klopfen und Klingeln von Frau Hansen gar nicht bemerkte.

Perfekte Zähne

So wie damals.
Im Grunde
vor gar nicht allzu langer Zeit.
Kündigte sich im Kleinen an
und dann war es soweit.
Aus dreißig Metern
oben rechts ins Tor.
Normalerweise
Jubel im weiten Rund.
Da war Dunkelheit.
Schwer wie Blei.
Luft zum Zerreissen.
Wo war nochmal der Ausgang?
Der Nagel eingerissen
bis das Blut kommt.
Ich komm nicht zurück.
Es bleibt einfach alles,
wie es ist.
Jeden Morgen aufsteh`n.
Trockenrasur braucht keinen
Spiegelblick.
Immer dieses Sprunggelenk.
Und natürlich Alkohol.
Man kann ja bei jeder Folge
das Intro überspringen.
Weil sowieso jedem klar ist
was passiert.
Es ist so langweilig,
und keiner, der es bemerkt.
Sagen wir mal so.
Es könnte sein.

Man weiß ja nie.
Und dann kommt schon der
nächste Werbeblock.
Endlich weiß ich,
wie ich perfekte Zähne bekomme.

Ein Reh

Wie rufen in den Wald.
Suche nach einem Adressaten.
Vielleicht ein Reh.
Auf jeden Fall Laub
und natürlich grüner Klee.
Es gäbe viel zu sagen.
Manch Lobgesang
und noch mehr Klagen.
Da wäre Publikum
gar nicht schlecht.
Woher nehmen
und nicht stehlen.
Außer Kontrolle.
Es gäbe Gründe
für das eine,
das andere
oder was auch immer.
Vor den Toren der Stadt
kam es, wie es kommen musste.
Ich hab nicht einmal das
von dem so viele sagen was
es eben braucht.
Kein Zweifel:
Was immer man auch beginnt
geht irgendwann zu Ende.
Eine Frage des Tempos.
Und der Übersicht.
Immer noch kein Publikum.
Nur Klee.
Und ganz weit hinten:
Ein Reh.

Immunität bis zur nächsten Ecke

Nichts mehr was mir fehlt
als das du neben mir stehst
und ein paar Schritte mit mir gehst
es braucht nur eine Kleinigkeit
ein paar Augenblicke Gemeinsamkeit
ohne Angst und Widerstände
ohne Rendite oder Dividende
und auch keine Erwartung
nur so ein kleiner Schimmer
bis zur nächsten Ecke Immunität
Ich weiß nicht mal ob
und wenn ja wo es geschrieben steht
es gibt nichts mehr was mir fehlt

Geständnis

Ich bin ein Schaumschläger
und Fliegenfänger.
Mein Leben droht im Durchschnitt zu versanden.
Tendenz fallend.
Ich stehe schon knöcheltief drin im Morast.
Tendenz steigend.

Ich habe jedes Konto überzogen,
dass ich jemals eröffnet habe.
Mich zu lieben ist kein leichter Job.
Ich weiß, wovon ich rede.
Schön, dass es trotzdem einige versuchen.
Ich bin groß darin, zu beginnen.
Und klein im Vollenden.

Eigentlich kann ich nichts.
Zumindest nichts, was zählt.
Und ich kann nicht tanzen,
außer um das goldene Kalb.
Ich bin niemandem treu
noch nicht einmal mir selbst.
Familienfeiern gegenüber bin ich skeptisch.

Bei uns wurde immer zu wenig getrunken.
Und man möchte den ganzen Laden…
Aber das würde zu weit führen.
Wenn ich nur wüsste
worin genau die Rettung besteht.
Ich streune so rum
Die Straßen sind leer
Der Asphalt ist nass
Ein Auto steht quer

Oliver Bruns

Jahrgang 1967 aus Bremen, ging nach dem Studium der Kath.Theologie und Geschichte in die Finanzdienstleistung.

Als Ausgleich zu so mancher abstrakter Tätigkeit entwickelte sich die Leidenschaft zum Schreiben. Das vorliegende Buch ist der vierte Band mit Lyrik und Prosa.
Oliver Bruns hat drei Kinder aus erster Ehe und lebt heute mit zweiter Frau in Lebensgemeinschaft in Oldenburg (Oldb.)

Bisher veröffentlicht:

Oliver Bruns

Aus gutem Grund
Gedichte und Texte

112 Seiten
Norderstedt 2016

ISBN 9-7837-4818-2566

Oliver Bruns &
Sylke Wanschura

Weil Du es wert bist

Gedichte, Texte und eine
Kurzgeschichte.
Mit Aquarellen
92 Seiten
Norderstedt 2018

ISBN 9-7837-4488-5522

Oliver Bruns &
Sylke Wanschura

An der Stromschnelle wird
das Wasser reißend und
laut

Gedichte, Texte,
Absurditäten und Aquarell

128 Seiten
Norderstedt 2020
ISBN 9-783751-908078